DOMINA TU MENTE, DOMINA TU VIDA

El método Coué para una vida plena

Emile Coué

TALLER DEL ÉXITO

Domina tu mente, domina tu vida
Copyright © 2024–Taller del Éxito

Traducción al español: Copyright © 2024 Taller del Éxito, Inc.

Reservados todos los derechos. Ninguna parte de esta publicación puede ser reproducida, distribuida o transmitida por ninguna forma o medio, incluyendo fotocopiado, grabación o cualquier otro método electrónico o mecánico, sin la autorización previa por escrito del autor o editor, excepto en el caso de breves reseñas utilizadas en críticas literarias y en ciertos usos no comerciales dispuestos por la Ley de Derechos de Autor.

Publicado por:

Taller del Éxito, Inc.
Sunrise, Florida 33323
Estados Unidos
www.tallerdelexito.com

Editorial dedicada a la difusión de libros y audiolibros de desarrollo y crecimiento personal, liderazgo y motivación.

Corrección de estilo: Nancy Camargo
Diagramación y cubierta: María Alexandra Rodríguez

ISBN: 9781607388869

25 26 27 28 29 R|GIN 06 05 04 03 02

Contenido

Introducción 7

El milagro interior 13

**PARTE 1. El dominio propio a través
de una autosugestión consciente 21**

1. El yo consciente y el yo inconsciente 25

2. Voluntad e imaginación..31

3. Sugestión y autosugestión...37

4. El uso de la autosugestión 41

5. Cómo funciona la sugestión 49

6. El uso de la autosugestión para curar padecimientos
morales y males congénitos o adquiridos....................55

7. El método aplicado a la educación de los niños 61

8. Instrucciones para los practicantes
del "método" de la autosugestión 71

9. Método de procedimiento en la sugestión curativa 79

10. La superioridad de este método 89

11. Lo que puede hacer la autosugestión 95

12. Lo que ha conseguido la autosugestión 107

PARTE 2 119

13. Pensamientos y preceptos de Emile Coué 121

14. Emile Coué en consulta ¿Cómo son sus sesiones? 133

15. Cartas 147

16. Todo para todos 161

17. Fragmentos de cartas dirigidas a Emile Leon,
discípulo del Sr. Coué 169

18. Extractos de cartas dirigidas a la Srta. Faufmant,
discípula del Sr. Coué 175

19. Algunas notas sobre el viaje del Sr. Coué a París 183

Conclusión. Por Emile Coué 189

Introducción

Es un hecho. Hoy, el péndulo del pensamiento médico está alejándose del materialismo. El día en que predominaban las pastillas ya pasó. En la actualidad, los practicantes de todas las escuelas médicas se dan cuenta de que una parte muy grande de nuestro bienestar y también de nuestra aflicción es el resultado de lo que albergamos en nuestro pensamiento. Al parecer, el 90% de todas las curas tiene una base mental, independientemente de cuáles sean los medios materiales empleados. Este no es un argumento contra los médicos ni los sanadores de ninguna escuela, sino más bien un argumento a favor de la comprensión científica y del empleo de los medios mentales para el mejoramiento humano.

Emile Coué se destaca como líder de la enorme y cada vez mayor cantidad de aquellos que creen que la mente es el factor principal en lo referente a la salud y la enfermedad. Él afirma que, en cada caso, el aspecto material tiene su lugar, pero que este lugar es de subordinación. Afirma también que la mente manda y la materia es apenas su servidora. Por consiguiente, la materia obedecerá la dirección de la mente, si la cosa deseada "es posible de lograr de alguna manera". Esto implica que habrá casos en que la cosa deseada "no sea posible de ninguna manera", pero Coué no se compromete a definir esta última clase. Después de leer sobre las muchas curas inducidas por su "método", uno no puede evitar concluir que el desarrollo y las aplicaciones adicionales del "método" reducirán en gran medida el campo ahora considerado como "lo imposible".

Coué es científico. Esto implica que él no comienza con una teoría y luego intenta probarla mediante la lógica. Más bien, comienza con "experimentos" y construye su teoría de manera inductiva. Te lleva a una clínica donde se están *haciendo* cosas, no a una sala de conferencias donde se están *discutiendo* cosas.

Además, reconoce el hecho de que las personas no familiarizadas del todo con su "método" encontrarán en él mucho contenido que les "parecerá infantil". Sin embargo, su respuesta es: "Mi método produce resultados. Me siento tentado a parafrasear las palabras de quien afirmó: 'Los cojos caminan, los enfermos se curan y felices son aquellos que no tropiezan'. Sin embargo, yo sé que hay cosas que parecen demasiado simples en mi método".

Coué está en línea con un número considerable de académicos que han estudiado y utilizado el hipnotismo en sus diversas fases, relacionado más que todo con la enfermedad. Durante muchos años, se supuso que el hipnotismo y otros fenómenos afines eran anormales. Hoy, sabemos que estos fenómenos son perfectamente naturales, que han sido los mayores componentes para la salud o la enfermedad moral y física en las distintas épocas de la humanidad y que el sicólogo moderno lo único que está intentando es usar de modo consciente, para el bien humano, lo que antes había sido un gran poder incontrolado tanto para el bien como para el mal.

Las contribuciones únicas que Coué ha hecho en el campo del mejoramiento humano son su reconocimiento del lugar primordial de la imaginación en la cura de las enfermedades. De ahí parte su desarrollo de un "método" mediante el cual la imaginación puede ser energizada y dirigida a realizar su trabajo benéfico.

Nuestra mentalidad es de dos tipos. Una es aquella que usamos a nivel consciente y la otra es la que usamos de modo inconsciente o subconsciente. Coué está de acuerdo con muchos otros expertos en cuanto al hecho de reconocer esta dualidad mental. Sin embargo, creo que nadie más ha reconocido la estrecha relación que existe entre la mente subconsciente y la imaginación. A veces, parecería que ambas son casi idénticas en su funcionamiento. Pero ¿es justo interpretar que la imaginación es a la vez la entrada y la salida mediante las cuales abrimos nuestras facultades inconscientes y las usamos para nuestro bien o mal? Quizá, así sea, pero él no teoriza mucho al respecto en este pequeño libro. Su interés está más bien en las curas prácticas y estas son tan maravillosas que pondrán a prueba tu credulidad. A tu natural escepticismo, Coué y sus discípulos te responderían "ven y mira". Después de todo, esta es la única prueba científica de cualquier cosa.

Afirma el autor: "La fórmula 'Todos los días, de todas las maneras, estoy mejorando más y más' cubre todas las situaciones". Independientemente de cuál sea la enfermedad o la dificultad que cada persona afronta, esta fórmula repetida según las instrucciones produce resultados si estos son "posibles de alguna manera". Sin duda, lo que sucede es que la imaginación se apodera de la idea general de mejora progresiva, como sugiere la fórmula, y completa los detalles de esa idea con datos de su propia experiencia y esperanza (el paciente reumático, repitiendo la fórmula, se ve a sí mismo en la imaginación alcanzando el punto donde puede caminar o correr, etc.). Ahora, la maravilla del "método" es que esta cura imaginada tiene un poder increíble para poner en acción la mente subjetiva, que en realidad produce la cosa imaginada.

Así las cosas, la pregunta es: si el "método" de Coué tiene un efecto tan maravilloso en la personalidad inconsciente para la cura de enfermedades, ¿por qué no debería tener un efecto igualmente maravilloso en los aspectos morales y sociales? El hecho parece ser que este proceso que Coué ha aprendido a utilizar para las curas es el mismo que ha estado detrás de todo gran movimiento histórico. Una persona agarra una idea. La sostiene en su imaginación hasta que esta posee su mente subjetiva y la transforma. Constantemente, comparte el pensamiento con otros hasta que son transformados y, en determinado momento, la idea del individuo se convierte en la fuerza dominante de naciones enteras.

La breve declaración de Coué sobre la relación de su "método" con la educación está destinada a convertirse en un clásico sobre este tema vital. Él afirma que la educación debe comenzar desde el nacimiento e incluso desde antes; que es deber de los padres y familiares asegurarse de que la mente de los niños adopte la actitud correcta hacia su propio desarrollo. Propone que la educación consista en "autodominio" y no en enseñar materias. En estos asuntos, y en algunos otros, el "maestro" se encuentra en terreno común con muchas personas reflexivas, pero avanza más allá que otros al mostrar un "método" claro, científico y simple para lograr estos resultados altamente deseables. La pequeña sección en este libro que trata este tema debería recibir la atención reflexiva de todos los interesados en el futuro de los niños de esta tierra.

A veces, el nombre del originador deja su marca en la historia. Tal es Confucio. La historia de China a lo largo de los últimos 2.500 años es la manifestación de la imaginación de este sabio en la vida de los millones de chinos en el transcurso de todo ese tiempo.

Coué nos ha enseñado cómo se produce la sicología de la multitud. Todos nos transformamos en la imagen de aquello que se nos presenta ante los ojos de nuestra imaginación. Todos podemos cambiarnos a nosotros mismos como deseemos. Podemos estar enfermos o sanos, ser buenos o malos según dirijamos nuestra imaginación en esta dirección o aquella. Quizá, pensamos que hay limitaciones, pero no hablamos de ellas hasta que hayamos comenzado a acercarnos a ellas.

Llegaremos a tener el tipo de mundo en el que queremos vivir siempre y cuando estemos dispuestos a mantener los ideales adecuados en nuestra imaginación, hasta que nuestra mente inconsciente nos transforme en aquello que imaginamos.

• Introducción •

Y no olvides la repetición nocturna y matutina de la fórmula ni tampoco el cordel con sus 20 nudos. Coué ha demostrado que son efectivos.

Archibald S. Van Orden

El milagro interior

Por M. Burnat-Provins.
(Reimpreso de *Renaissance politique,
littéraire et artistique*
del 18 de diciembre de 1920)

En el transcurso del mes de septiembre de 1920, abrí por primera vez el libro de Charles Baudouin, de Ginebra, profesor del Instituto JJ Rousseau en esa ciudad. Este trabajo se llama: *Sugestión y autosugestión,* y el autor lo dedicó así:

"A Emile Coué, el iniciador y benefactor, con profunda gratitud".

Comencé a leer el libro y no lo solté, sino hasta que llegué al final. Contiene la exposición muy simple de un trabajo magníficamente humanitario, fundamentado en una teoría que tiende a parecer infantil solo porque está dentro del alcance del entendimiento de todos. Y si todos la ponen en práctica, de ella se derivará el mayor bien.

Después de más de 20 años de trabajo infatigable, Emile Coué, que en la actualidad vive en Nancy, donde ha seguido el trabajo y los experimentos de Liébault (el padre de la doctrina de las sugestiones), ha estado ocupado exclusivamente con esta cuestión, pero más que todo con el fin de llevar a sus semejantes a cultivar la autosugestión.

A principios de siglo, Coué alcanzó el objetivo de sus investigaciones y liberó la inmensa fuerza de la autosugestión en todo. Después de innumerables experimentos en miles de sujetos, mostró la acción del inconsciente en casos orgánicos.

Se trata de un nuevo método y el gran mérito de este hombre culto y modesto en gran manera es haber encontrado en ello un remedio para males terribles, considerados incurables o bastante dolorosos y sin ninguna esperanza de alivio.

Como no puedo entrar aquí en largos detalles científicos, me contentaré con explicar cómo practica su método el sabio de Nancy.

El epítome cincelado de toda una vida de investigaciones con pacientes, y de observaciones incesantes, es una fórmula breve que debe repetirse mañana y tarde.

Debe decirse en voz baja, con los ojos cerrados, en una posición favorable para relajar el sistema muscular. El paciente puede estar en la cama o en una silla cómoda y usar un tono de voz como si estuviera recitando una letanía. Estas son las palabras mágicas:

"Cada día, en todos los aspectos, estoy mejor y mejor".

Deben decirse 20 veces, con la ayuda de un cordón con 20 nudos, que sirve de rosario. Este detalle material tiene su importancia: asegurar la recitación mecánica, la cual es esencial.

Al articular estas palabras, que son registradas por el inconsciente, el paciente no debe pensar en nada en particular ni en su enfermedad ni en sus problemas; más bien, debe ser pasivo y tener el deseo profundo de que todo sea para lo mejor.

La parte "en todos los aspectos" tiene un efecto general.

Este deseo debe expresarse sin pasión, sin voluntad, en forma calmada, pero con absoluta confianza.

En el momento de la autosugestión, Emile Coué no llama a la actuación de la voluntad de ninguna forma, pues no se trata de la voluntad en ese momento, sino de la imaginación, de la gran fuerza motriz infinitamente más activa de lo que se suele invocar; es solo la imaginación la que debe ponerse en juego.

"Ten confianza en ti mismo y cree firmemente que todo estará bien", dice Coué, este buen consejero.

De hecho, todo está bien para quienes tienen fe y se sienten fortificados por la perseverancia.

Como los hechos hablan más que las palabras, te contaré lo que me sucedió a mí mismo antes de ver a Coué.

Para esto, deberé regresar al mes de septiembre, cuando abrí el volumen de Charles Baudouin. Al final de una exposición sustancial, el autor enumera la cura de enfermedades como la enteritis, el eccema, el tartamudeo, la sordera, una sinusitis que se remonta a 20 años atrás y que requirió de 11 operaciones, metritis, salpingitis, tumores fibrosos, várices, etc.; por último, y sobre todo, se refiere a úlceras tuberculosas profundas y a las últimas etapas de la tisis (el caso de la Sra. D, de Troyes, de 30 años de edad, quien se convirtió en madre luego de su curación; al caso se le dio seguimiento y no hubo recaída). Todo esto a menudo es atestiguado por los médicos que asisten a los pacientes.

Estos ejemplos me impresionaron profundamente, allí estaba el milagro. No era una cuestión de nervios, sino de enfermedades que la medicina ataca sin éxito.

La curación de la tuberculosis fue una revelación para mí.

Después de haber sufrido durante dos años de neuritis aguda en la cara, yo padecía de un dolor horrible. Cuatro médicos, dos de ellos especialistas, habían pronunciado una sentencia que sería suficiente, por sí misma, para aumentar el problema, debido a su fatal influencia en la mente:

"¡No hay nada que hacer!".

Este "nada que hacer" había sido para mí la peor de las autosugestiones.

En posesión de la fórmula: "Cada día, en todos los aspectos...", etc., la recité con una fe que, aunque había surgido de repente, era capaz de mover montañas y tras arrojar mantas y bufandas, con la cabeza descubierta, salí al jardín bajo la lluvia y el viento repitiendo suavemente: "Voy a curarme, no tendré más neuritis, desaparecerá, no volverá, etc.".

Al día siguiente, estaba curado y nunca más recaí de esta abominable aflicción que no me permitía dar un paso fuera de la casa y me hacía la vida insoportable. Aquella fue una inmensa alegría.

Los incrédulos dirán: "Todo era cuestión sicológica".

Obviamente, así que les concedo este primer punto. Pero, encantado con el resultado, probé el método de Coué para curarme un edema que tenía en el tobillo izquierdo, resultante de una afección de los riñones que se considera incurable. En dos días, el edema había desaparecido. Luego, lo implementé con la fatiga y la depresión mental, etc., y se produjo una mejora extraordinaria, así que tuve una idea: ir a Nancy para agradecerle a mi benefactor.

Fui allí y encontré a este excelente hombre, distinguido por su bondad y simplicidad, que se convirtió en mi amigo.

Era indispensable verlo en su campo de acción. Me invitó a una "sesión" popular y allí escuché un concierto de gratitud por todas partes. Lesiones en los pulmones, órganos desplazados, asma, enfermedad de Pott (!), parálisis... ¡Toda esta horda de enfermedades mortales se había dado a la fuga!

Vi a una mujer paralítica, que se había sentado contraída y retorcida en su silla, levantarse y caminar. El Sr. Coué habló, exigiendo de todos los presentes una gran confianza, inmensa confianza en sí mismos. Les dijo:

Aprendan a curarse. Ustedes pueden hacerlo. Yo nunca he curado a nadie. El poder está dentro de ustedes. Invoquen su espíritu, hagan que este poder actúe en función de su bienestar físico y mental, y este vendrá, los curará y ustedes serán fuertes y felices.

Habiendo hablado, Coué se acercó a la paralítica y le dijo: "Escuchaste lo que dije, ¿crees que caminarás?".

"Sí", respondió ella.

"¡Muy bien! Entonces, ¡levántate!".

La mujer se levantó, caminó y dio la vuelta al jardín. El milagro se había realizado.

Una joven con la enfermedad de Pott, cuya columna vertebral se enderezó después de tres visitas, me contó sobre la gran felicidad que sintió al volver a la vida después de haber pensado que el suyo era un caso perdido.

Tres mujeres, curadas de lesiones en los pulmones, expresaron su alegría por regresar al trabajo y a una vida normal. En medio de esas personas a quienes ama, Coué parece un ser de otro mundo, porque este hombre ignora el dinero. Todo su trabajo es gratuito y su extraordinario desinterés le prohíbe recibir un centavo por él.

"¿Le debo algo?", le pregunté. "Es que, simplemente, le debo todo", agregué.

"No, solo el placer que tendré de que usted continúe manteniéndose bien", me respondió.

Una simpatía irresistible atrae a este filántropo de mente sencilla. Brazo con brazo caminamos por el huerto que él mismo cultiva, levantándose temprano para hacerlo. Es prácticamente vegetariano. Allí, observa con satisfacción los resultados de su trabajo. Luego, vino la parte seria de nuestra conversación:

Usted posee en su mente un poder ilimitado que actúa sobre la materia si sabe cómo manejarlo. La imaginación es como un caballo sin brida; si un caballo así tira del carruaje en el que usted va, hará todo tipo de tonterías y lo llevará a la muerte. Pero póngale el arnés adecuado, llévelo con mano segura e irá a donde usted quiera.

Asimismo, sucede con la mente y la imaginación. Deben ser dirigidas para nuestro propio bien. La autosugestión, formulada con los labios, es una orden que recibe el inconsciente y este la ejecuta sin que nos demos cuenta, sobre todo, por la noche, de modo que la autosugestión nocturna es la más importante. Da maravillosos resultados.

Cuando sientas un dolor físico, pronuncia la fórmula "Se va...", repetida de manera muy rápida, en una especie de voz monótona, colocando tu mano en la parte donde sientes el dolor o en la frente si es una angustia mental.

Este método actúa de manera muy eficaz sobre la mente. Después de haber pedido la ayuda del alma para el cuerpo, puedes volver a pedir para todas las circunstancias y dificultades de la vida. También sé por experiencia que los eventos pueden ser modificados singularmente por este proceso.

Hoy, lo sabes, y lo sabrás aún mejor leyendo el libro de Baudouin, luego, su folleto titulado "Cultura de la fuerza moral", y por último, el pequeño y sucinto tratado escrito por el propio el Coué, llamado "Autodominio".

Sin embargo, si he podido inspirarte el deseo de hacer esta excelente peregrinación, irás a Nancy a buscar el folleto. Como yo, amarás a este hombre único por su noble caridad y por su amor a sus semejantes, como Cristo lo enseñó.

Igual que yo, también tú serás curado física y mentalmente. La vida te parecerá mejor y más bella. Eso, seguro que vale la pena intentarlo.

PARTE 1

El dominio propio a través de una autosugestión consciente

La sugestión, o más bien, la autosugestión, es un tema bastante nuevo, pero al mismo tiempo es tan antiguo como el mundo. Es nuevo en el sentido de que, hasta ahora, ha sido mal estudiado y, en consecuencia, mal entendido; es viejo, porque data de la aparición del hombre en la tierra.

De hecho, la autosugestión es un instrumento que poseemos al nacer y en este instrumento, o más bien, en esta fuerza, reside un poder maravilloso e incalculable que, según sean las circunstancias, produce los mejores o los peores resultados.

El conocimiento de este PODER, de esta fuerza, es útil para cada uno de nosotros, pero es particularmente indispensable para los médicos, los magistrados, los abogados y los que trabajan en la educación.

Al saber cómo practicarlo conscientemente es posible, en primer lugar, evitar provocar malas autosugestiones en los demás, pues suelen tener consecuencias desastrosas. En segundo lugar, permite provocar conscientemente buenas autosugestiones, dándoles así salud física a los enfermos y salud moral a los neuróticos y errantes —víctimas inconscientes de autosugestiones anteriores— y guiar por el camino correcto a aquellos con tendencias a tomar el rumbo equivocado.

1

El yo consciente y el yo inconsciente

Para comprender bien el fenómeno de la sugestión, o para hablar de modo apropiado, de la autosugestión, es necesario saber que existen dos seres 100% distintos dentro de nosotros. Ambos son inteligentes, pero mientras uno está consciente, el otro está inconsciente. Por este motivo, la existencia de este último suele no ser notoria. Sin embargo, es fácil probar su existencia si uno se toma la molestia de examinar ciertos fenómenos y reflexiona en ellos por un momento.

Sobre el particular, veamos los siguientes ejemplos:

Todos hemos oído hablar del sonambulismo. Todos sabemos que un sonámbulo es una persona que se levanta por la noche sin despertarse, sale de su habitación después de vestirse —o no—, baja las escaleras, camina por los pasillos y, después de haber ejecutado ciertos actos o realizado ciertas actividades, vuelve a su habitación y se va de nuevo a la cama, mostrando al día siguiente el mayor asombro al encontrar terminada alguna actividad que había dejado sin terminar el día anterior. Sin embargo, es él mismo quien la realizó sin ser consciente de ello. ¿A qué fuerza ha obedecido su cuerpo si no es a una fuerza inconsciente, de hecho, a su ser inconsciente?

Examinemos ahora el caso por desgracia demasiado frecuente de un borracho atacado por delirium tremens. Como si la locura se hubiese apoderado de él, toma el arma, el cuchillo, el martillo o el hacha más cercanos, según sea el caso, y golpea con furia a aquellos que tengan la mala suerte de estar cerca de él. Una vez que el ataque ha terminado, recupera sus sentidos y contempla con horror la escena de la matanza a su alrededor, sin darse cuenta de que él mismo es el autor de ella. De nuevo, ¿no es el yo inconsciente el que ha causado que el infeliz actúe de esta manera? (¡Qué aversiones, qué males nos creamos a nosotros mismos al no poner de inmediato "nuestras buenas autosugestiones conscientes" en contra de nuestras "malas autosugestiones inconscientes", provocando así la desaparición de todo sufrimiento injusto!).

Si comparamos el yo consciente con el yo inconsciente, vemos que el yo consciente a menudo posee una memoria muy poco confiable, mientras que el yo inconsciente está provisto de una memoria maravillosa e impecable que registra sin que lo sepamos hasta los más pequeños y menos importantes actos de nuestra existencia. Además, es crédulo y acepta con docilidad irracional lo que se le dice.

Por lo tanto, dado que el inconsciente es el responsable del funcionamiento de todos nuestros órganos, y es intermediario del cerebro, se produce un resultado que puede parecer bastante paradójico: consiste en que, si este cree que un determinado órgano funciona bien o mal, o que sentimos tal o cual impresión, el órgano en cuestión funciona bien o mal o sentimos esa impresión.

El inconsciente no solo preside las funciones de nuestro organismo, sino también todas nuestras acciones, cualesquiera que sean.

Esto es lo que llamamos imaginación y es lo que, contrario a la opinión aceptada, siempre nos hace actuar incluso y sobre todo contra nuestra voluntad, cuando existe un antagonismo entre estas dos fuerzas.

2

Voluntad e imaginación

Si abrimos un diccionario y buscamos la palabra "voluntad", encontramos esta definición: "Es la facultad de determinar libremente ciertos actos".

Aceptamos esta definición como verdadera y libre de cuestionamiento, aunque nada podría ser más falso. Esta voluntad que con tanto orgullo reclamamos siempre cede a la imaginación. Es una regla absoluta que no admite excepción.

"¡Blasfemia! ¡Paradoja!", exclamarás.

"¡Para nada! Por el contrario, es la verdad más pura", te responderé.

Para convencerte de ello, abre los ojos, mira a tu alrededor y trata de entender lo que ves. Así, llegarás a la conclusión de que lo que digo no es una teoría ociosa salida de un cerebro enfermo, sino la simple expresión de un hecho.

Supongamos que colocamos en el suelo una tabla de 30 pies de largo por un pie de ancho. Es evidente que todos seríamos capaces de ir de un extremo al otro de esta tabla sin pasar por el borde. Pero si cambiamos las condiciones del experimento e imaginamos la tabla colocada a la altura de las torres de una catedral, ¿quién sería capaz de avanzar siquiera unos pocos pies a lo largo de esta estrecha tabla? ¿Me escucharías hablándote? Lo más probable es que no. Antes de haber dado dos pasos, comenzarías a temblar y, a pesar de todos los esfuerzos de tu voluntad, estarías seguro de caer al suelo.

Entonces, ¿por qué no caerías si la tabla estuviese en el suelo y por qué sí caerías si esta estuviese a gran altura del suelo? Simplemente, porque, en el primer caso, imaginas que es fácil llegar al final de la tabla; en cambio, en el segundo caso, imaginas que no podrás hacerlo.

Observa que tu voluntad es impotente para hacerte avanzar: si imaginas que no puedes, será imposible que lo hagas.

Si los instaladores de techos y los carpinteros pueden lograr esta hazaña, es porque piensan que pueden hacerlo. El vértigo es causado enteramente por la imagen que dibujamos en nuestra mente de que vamos a caer. Esta imagen se transforma de inmediato en un hecho, a pesar de todos los esfuerzos de nuestra voluntad, y cuanto más violentos son estos esfuerzos, más rápido es opuesto el resultado al deseado.

Observemos ahora el caso de una persona que sufre de insomnio. Si no hace ningún esfuerzo por dormir, se acostará y se dormirá tranquila en su cama. Si, por el contrario, intenta forzarse a dormir por medio de su voluntad, cuanto más se esfuerce, más inquieta se pondrá.

¿Te has dado cuenta de que, cuanto más intentas recordar el nombre de una persona, más se te escabulle? Sin embargo, si sustituyes el pensamiento de "lo he olvidado" por "lo recordaré en un minuto", el nombre "vuelve" a ti por su propia cuenta y sin el menor esfuerzo de tu parte.

Si eres ciclista, quiero que recuerdes los días en que estabas aprendiendo a montar en bicicleta. Ibas aferrado a los manillares, con miedo a caerte. De repente, al vislumbrar un pequeño obstáculo en el camino, tratabas de evitarlo y, mientras más esfuerzos hacías para lograrlo, más seguro era que te precipitaras sobre él.

¿Quién no ha sufrido de un ataque de risa incontrolable que estalla con más fuerza cuanto más intenta controlarlo?

¿Cuál fue el estado de ánimo de cada persona en estas diferentes circunstancias?

"No quiero caer, pero no puedo evitar hacerlo", "Quiero dormir, pero no puedo", "Quiero recordar el nombre de la Sra. Tal y Tal, pero no puedo", "Quiero evitar el obstáculo, pero no puedo", "Quiero dejar de reírme, pero no puedo".

Como verás, en cada uno de estos conflictos, siempre es la imaginación, sin excepción alguna, la que obtiene la victoria sobre la voluntad.

Al mismo orden de ideas pertenece el caso del líder que se coloca a la cabeza de sus tropas y las guía tras de sí al ataque y la victoria. Por otro lado, el grito "¡Sálvese quien pueda!" es casi seguro que provocará una derrota. ¿Por qué sucede esto? Sucede porque, en el primer caso, los hombres se imaginan que deben avanzar; en el segundo, se imaginan que han sido conquistados y deben huir para salvar sus vidas.

Panurge era bastante consciente del contagio del ejemplo, es decir, de la acción de la imaginación cuando, para vengarse de un comerciante que iba a bordo del mismo barco que él, compró su oveja más grande y la arrojó al mar con la certeza de que todo el rebaño la seguiría, lo que efectivamente sucedió.

Nosotros, los seres humanos, tenemos cierta semejanza con las ovejas. Involuntariamente, somos impulsados de forma irresistible a seguir los ejemplos de otras personas, imaginando que no podemos hacer lo contrario.

Podría citar otros mil ejemplos, pero temo que te aburriría con semejante enumeración. Sin embargo, no puedo dejar de mencionar este hecho que muestra el enorme poder de la imaginación, en otras palabras, del inconsciente en su lucha contra la voluntad.

Hay ciertos borrachos que desean dejar de beber, pero que no pueden hacerlo. Pregúntales y ellos te responderán con toda sinceridad que desean estar sobrios, que beber les disgusta, pero que están impelidos irresistiblemente a beber contra su voluntad, a pesar del daño que saben que esto les causa.

De la misma manera, algunos criminales cometen delitos a pesar de sí mismos y cuando se les pregunta por qué actuaron así, responden: "No pude evitarlo, algo me impulsó, algo que era más fuerte que yo".

El borracho y el criminal dicen la verdad: se ven obligados a hacer lo que hacen, por la sencilla razón de que imaginan que no pueden evitar hacerlo.

Por lo tanto, los que estamos tan orgullosos de nuestra voluntad, que creemos que somos libres de actuar como nos gusta, en realidad, no somos más que miserables títeres de la imaginación, que es la que mueve todas las cuerdas. Solo dejamos de ser títeres cuando aprendemos a guiar nuestra imaginación.

3

Sugestión y autosugestión

De acuerdo con los comentarios anteriores, podemos comparar la imaginación con un torrente que arrastra fatalmente al pobre desgraciado que ha caído en él a pesar de sus esfuerzos por llegar a la orilla.

Este torrente parece indomable, pero, si uno sabe cómo, puede desviarlo de su curso y conducirlo a la fábrica y allí logrará transformar su fuerza en movimiento, calor y electricidad.

Si este símil no es suficiente, podemos comparar la imaginación —a la que se le ha llamado "la loca de la casa"— con un caballo sin domar que no tiene brida ni rienda. ¿Qué puede hacer el jinete, excepto dejarse llevar a donde el caballo desee llevarlo? Y a menudo, si el caballo escapa, su loca carrera solo terminará en una zanja.

Sin embargo, si el jinete logra ponerle una brida, los papeles se invierten. Ya no es el caballo el que va a donde quiere, sino que es el jinete quien obliga al caballo a llevarlo a donde él quiera ir.

Ahora que hemos aprendido a comprender el enorme poder del ser inconsciente o imaginativo, voy a mostrar cómo este yo, hasta ahora considerado indomable, puede ser controlado tan fácilmente como un torrente o como un indómito caballo.

Pero antes de seguir adelante, es necesario definir en detalle dos palabras que suelen usarse sin que se entiendan de manera adecuada.

Estas son *sugestión* y *autosugestión*.

¿Qué es entonces la sugestión?

Suele definirse como "el acto de imponer una idea en el cerebro de otro". ¿Existe realmente esta acción? Propiamente dicho, no. La sugestión no existe por sí misma. No existe y no puede existir, excepto en la condición *sine qua non* de que se transforme en autosugestión en el sujeto.

Autosugestión, entonces, se puede definir como "la implantación de una idea en uno mismo por uno mismo".

Tú puedes hacerle una sugestión a alguien, pero si el inconsciente de esta persona no acepta tu sugestión, si no la digiere, por así decirlo, para transformarla en autosugestión, la sugestión en sí misma no produce ningún resultado.

A veces, yo mismo les he hecho una sugestión más o menos común a sujetos por lo general obedientes y no he tenido éxito. La razón es que su inconsciente se negó a aceptarla y no la transformó en autosugestión.

4

El uso de la autosugestión

Volvamos ahora al punto en que dije que es posible controlar y dirigir nuestra imaginación del mismo modo en que podemos controlar un torrente o un caballo indómito.

Para hacerlo, es necesario, en primer lugar, saber que esto es posible (lo cual casi todo el mundo ignora). En segundo lugar, es necesario saber por qué medio se puede hacer.

El medio es muy simple: lo hemos usado todos los días desde que vinimos a este mundo, sin desearlo ni saberlo y de manera inconsciente. Por desgracia, solemos usarlo incorrectamente y en nuestro propio detrimento. El medio es la autosugestión.

Con frecuencia, nos autosugestionamos de forma inconsciente. Entonces, todo lo que tenemos que hacer es autosugestionarnos conscientemente.

El proceso consiste, primero, en sopesar con cuidado cuáles son aquellas cosas que serán objeto de la autosugestión; luego, según se requieran la respuesta "sí" o "no", repetir varias veces sin pensar en otra cosa: "Esto viene", "Esto se va", "Esto desaparece", "Esto sucederá", "Esto no sucederá", etc. (Por supuesto, el asunto debe estar bajo nuestro control).

Si el inconsciente acepta esta sugestión y la transforma en autosugestión, la cosa o las cosas se realizan en cada detalle.

Así entendido, la autosugestión, según la veo, no es más que hipnotismo y la definiría con estas simples palabras: es la influencia de la imaginación sobre el ser moral y físico de la humanidad.

Ahora, esta influencia es innegable. No retomaré los ejemplos anteriores. Más bien, citaré algunos otros.

Si te persuades de que puedes hacer una determinada cosa, siempre que esta sea posible, la harás, por difícil que sea. Si, por el contrario, imaginas que no puedes hacer la cosa más simple del mundo, es imposible que logres hacerla. Entonces, las colinas de arena se te convertirán en montañas imposibles de escalar.

Tal es el caso de los neurasténicos, quienes, creyéndose incapaces de hacer el menor esfuerzo, a menudo encuentran imposible hasta el simple hecho de caminar unos pocos pasos sin agotarse. Y estos mismos neurasténicos se hunden más profundamente en su depresión, mientras más esfuerzos hacen para deshacerse de ella, como el pobre desgraciado en las arenas movedizas que se hunde más cuanto más intenta luchar.

De la misma manera, es suficiente pensar que cierto dolor "se va" para sentirlo desaparecer poco a poco. De manera inversa, es suficiente pensar que uno lo sufre para sentir que el dolor comienza a aparecer de inmediato.

Conozco a ciertas personas que predicen de antemano que tendrán un terrible dolor de cabeza en un día determinado, en ciertas circunstancias; así que, ese día, en las circunstancias dadas, es casi seguro que lo sienten. Atraen la enfermedad sobre sí mismas, al igual que otras personas la curan por medio de la autosugestión consciente.

Sé que, en general, uno pasa por loco ante los ojos del mundo si se atreve a presentar ideas que la gente no está acostumbrada a escuchar.

Bueno, a riesgo de que se me tome por loco, digo que, si ciertas personas están enfermas a nivel mental o físico, es porque se imaginan que están enfermas, bien sea mental o físicamente. Si algunas otras son paralíticas sin tener ninguna lesión que justifique su parálisis, es porque se imaginan paralizadas. El hecho es que entre esas personas se producen las curas más extraordinarias. Ahora, si otras son felices o infelices, es porque se imaginan que lo son. Es posible que dos personas en exactamente las mismas circunstancias, una sea perfectamente feliz y la otra completamente desdichada.

En síntesis, la neurastenia, el tartamudeo, las aversiones, la cleptomanía y ciertos casos de parálisis no son más que el resultado de la autosugestión inconsciente, es decir, el resultado de la acción del inconsciente sobre el ser físico y moral.

Ahora bien, si nuestro inconsciente es la fuente de muchos de nuestros males, también tiene la capacidad de curar nuestras dolencias físicas y mentales. Por lo tanto, no solo reparará el mal que ha hecho, sino también curará enfermedades reales, debido a lo fuerte que es su acción sobre nuestro organismo.

Enciérrate solo en una habitación, siéntate en un sillón, cierra los ojos para evitar cualquier distracción y concentra tu mente por unos momentos en pensar: "Tal y tal cosa va a desaparecer" o "Tal y tal cosa está sucediendo".

Si en verdad has realizado el ejercicio de autosugestión, es decir, si tu inconsciente ha asimilado la idea que le has presentado, te sorprenderá ver que lo que has pensado sucederá (ten en cuenta que las ideas autosugeridas tienen la propiedad de existir dentro de nosotros sin que las notemos y solo sabremos de su existencia por el efecto que estas producen).

Ahora, sobre todo, y este es un punto esencial, la voluntad no debe ponerse en juego a la hora de poner en práctica la autosugestión; porque, si la voluntad no está de acuerdo con la imaginación, si tú piensas: "Haré que eso suceda", pero tu imaginación dice: "Eso quieres, pero no va a suceder", no solo no obtendrás eso que quieres, sino que ocurrirá exactamente lo contrario.

Este comentario es de capital importancia y explica por qué los resultados son tan insatisfactorios cuando, al tratar padecimientos morales, uno se esfuerza por reeducar la voluntad. Lo que es necesario es entrenar la imaginación. Es gracias a este matiz de diferencia que mi método a menudo ha tenido éxito donde otros —y no los menos estimados— han fracasado.

De los numerosos experimentos que he realizado a diario durante 20 años, los cuales he examinado en detalle, he podido deducir las siguientes conclusiones que he resumido como leyes:

1. Cuando la voluntad y la imaginación son antagónicas, siempre es la imaginación la que gana, sin excepción.

2. En el conflicto entre la voluntad y la imaginación, la fuerza de la imaginación está en relación directa con el cuadrado de la voluntad.

3. Cuando la voluntad y la imaginación están de acuerdo, no se suman una a la otra, sino que la una se *multiplica por la otra*[1].

4. La imaginación puede ser dirigida.

Después de lo que acabo de decir, parece que nadie debería estar enfermo. Eso es muy cierto. Cualquier enfermedad, cualquiera que sea, debería ceder o sucumbir a la autosugestión, por atrevida y poco probable que parezca mi afirmación. No digo que siempre cederá, pero sí que puede ceder, que es diferente.

Sin embargo, para que las personas practiquen la autosugestión consciente, se les debe enseñar cómo hacerlo, al igual que se les enseña a leer, escribir o tocar el piano.

La autosugestión es, como ya dije, un instrumento que poseemos al nacer, con el que tocamos de manera inconsciente toda nuestra vida, así como el bebé juega con su sonajero. Sin embargo, es un instrumento peligroso que puede herirte o incluso matarte si lo manejas de manera imprudente e

---

[1]. Las expresiones "En relación directa con el cuadrado de la voluntad" y "Se multiplica por" no son rigurosamente exactas. Son simples ilustraciones destinadas a aclarar mi punto.

inconsciente. Por el contrario, salvará tu vida cuando sabes cómo emplearla *conscientemente*.

Es algo así como lo que dijo Esopo, refiriéndose a la lengua: "Es al mismo tiempo lo mejor y lo peor del mundo".

5

Cómo funciona la sugestión

Ahora, voy a mostrarte cómo todos pueden ayudarse con la acción benéfica de la autosugestión aplicada a nivel consciente. Al decir "todos", exagero un poco, porque hay dos clases de personas en las que es difícil despertar la autosugestión consciente:

1. Aquellas que no están mentalmente desarrolladas, que no son capaces de entender lo que les dices.

2. Aquellas que no están dispuestas a entenderlo.

Para entender el papel desempeñado por la sugestión o, más bien, por la autosugestión, basta con saber que el yo inconsciente es el gran director de todas nuestras funciones.

Hazle creer a tu cuerpo, como dije antes, que un determinado órgano que no funciona bien deberá realizar su función normalmente. Al instante, tu mente le transmite esa orden a tu órgano enfermo y este obedecerá con docilidad y, de una vez o poco a poco, hará sus funciones de manera normal. Esto explica de forma simple y clara cómo, mediante la sugestión, se pueden detener las hemorragias, curar el estreñimiento, hacer que desaparezcan los tumores fibrosos, curar la parálisis, las lesiones tuberculosas, las várices, las úlceras, etc.

Tomemos, por ejemplo, un caso de hemorragia dental que tuve la oportunidad de observar en la consulta de M. Gauthe, un dentista de Troyes.

Una joven a quien ayudé a curarse de un asma que había sufrido durante ocho años me dijo un día que quería sacarse una muela. Como yo sabía que ella era muy sensible, le ofrecí hacer que no sintiera nada durante la operación. Como era natural, ella aceptó mi ayuda con mucho agrado e hicimos una cita con el dentista. Llegó el día de presentarnos en el consultorio y, parados frente a mi paciente, la miré fijamente y le dije: "No sientes nada, no sientes nada". Mientras continuaba con la sugestión, le hice una señal al dentista. En un instante, la muela salió sin que ella moviera ni un pelo. Como sucede con bastante frecuencia, siguió una hemorragia, pero le dije al dentista que intentaría una sugestión para que él no usara un hemostático sin saber de antemano qué pasaría. Entonces, le pedí a la joven que me mirara fijamente y le sugerí que en dos minutos la hemorragia debería detenerse por sí sola. Entonces, esperamos. La chica escupió sangre una o dos veces y la sangre cesó. Le dije que abriera la boca y encontramos que se había formado un coágulo de sangre en la cavidad dental.

¿Cómo explicar este fenómeno? De la forma más sencilla. Bajo la influencia de la idea: "La hemorragia debe detenerse", el inconsciente les había enviado a las arterias y a las pequeñas venas la orden de detener el flujo de sangre y, obedientemente, ellas se contrajeron naturalmente, como lo hubiesen hecho artificialmente al contacto con un hemostático como la adrenalina, por ejemplo.

El mismo razonamiento explica cómo es posible hacer desaparecer un tumor fibroso. Una vez el inconsciente ha aceptado la idea de que el tumor "debe irse", el cerebro ordena que se contraigan las arterias que lo nutren. Estas lo hacen, negándose a servirle al tumor, dejando de alimentarlo, así que el tumor, privado de alimento, muere, se seca, se reabsorbe y desaparece.

La neurastenia, tan común hoy en día, suele ceder a la sugestión practicada constantemente de la manera que he indicado. He tenido la felicidad de contribuir a la cura de gran número de neurasténicos a quienes todos los demás tratamientos les habían fracasado.

Uno de ellos incluso había pasado un mes en un establecimiento especial en Luxemburgo sin obtener ninguna mejora. En seis semanas, se curó por completo y ahora es el hombre más feliz que uno desearía encontrar, después de haberse considerado el más miserable. Tampoco es probable que vuelva a enfermarse de la misma manera, ya que le mostré cómo hacer uso de la autosugestión consciente y él lo hace a las mil maravillas.

6

El uso de la autosugestión para curar padecimientos morales y males congénitos o adquiridos

Pero si la sugestión es útil para tratar los padecimientos morales y las dolencias físicas, podría prestarle servicios aún mayores a la sociedad, convirtiendo en personas honestas a los desgraciados que pueblan nuestros reformatorios y que solo los dejan para ingresar en el ejército del crimen.

¡Que nadie me diga que esto es imposible! El remedio existe y yo puedo probarlo.

Citaré los dos casos siguientes, que son muy característicos, pero aquí debo insertar algunos comentarios entre paréntesis.

Para dar a entender la forma en que actúa la sugestión en el tratamiento de las taras morales, usaré la siguiente comparación. Supongamos que nuestro cerebro es una tabla en la que están clavados varios clavos que representan las ideas, los hábitos y los instintos que determinan nuestras acciones.

Si vemos que en algún tema existe una mala idea, un mal hábito, un mal instinto, un mal clavo, por así decirlo, tomamos otro clavo —una buena idea, un buen hábito o un buen instinto—, lo colocamos encima del malo y le damos un golpecito con un martillo —en otras palabras, generamos una sugestión.

El nuevo clavo se clavará una fracción de pulgada, mientras que el anterior saldrá en la misma medida. A cada nuevo golpe con el martillo, es decir, a cada nueva sugestión, el nuevo clavo será introducido un poco más y el otro será expulsado en la misma cantidad hasta que, después de un cierto número de golpes, el clavo viejo saldrá por completo y será reemplazado por el nuevo. Cuando la sustitución se ha realizado, el individuo la obedece.

Volvamos a nuestros ejemplos.

El pequeño Michael, un niño de 11 años que vive en Troyes, estuvo sujeto día y noche a ciertos accidentes inherentes a su primera infancia (se orinaba en la cama). También era cleptómano y, por supuesto, mentía cuando alguien hablaba con él. A petición de su madre, lo traté mediante la técnica de la sugestión. Después de la primera visita, los accidentes cesaron de día, pero continuaron durante la noche. Poco a poco, se fueron haciendo menos frecuentes y, unos meses después, el niño quedó 100% curado. En ese mismo período, disminuyó su propensión a robar y, a los seis meses, Michael había dejado de robar por completo.

Su hermano, de 18 años, había concebido un odio violento contra otro de los hermanos. Cada vez que tomaba demasiado vino, se sentía impulsado a sacar un cuchillo y apuñalarlo. Sentía que un día u otro terminaría haciéndolo y al mismo tiempo sabía que al hacerlo quedaría inconsolable.

Lo traté también por sugestión y el resultado fue maravilloso. Después del primer tratamiento, se curó. Su odio por su hermano desapareció y, desde entonces, se han hecho buenos amigos y se llevan muy bien. Seguí el caso durante mucho tiempo y la cura fue permanente.

Dado que tales resultados se obtienen por sugestión, ¿no sería beneficioso e incluso podría decirse que indispensable tomar este método e introducirlo en nuestros reformatorios? Estoy convencido de que, si la sugestión se aplicara a diario a muchachos viciosos, se podría rescatar a más del 50% de ellos. ¿No sería hacerle un servicio inmenso a la sociedad devolver a una vida sana y de bien a miembros que antes estaban corroídos por la decadencia moral?

Tal vez, me digan que la sugestión es una técnica peligrosa y que podría usarse para propósitos malvados. Esta objeción no es válida, primero, porque la práctica de la sugestión solo sería confiada (por el paciente) a personas de bien y honestas —a médicos reformadores, por ejemplo—. Por otra parte, aquellos que buscan utilizarla para el mal, ¡no le piden permiso a nadie!

Pero incluso admitiendo que ofrece algún peligro (aunque no sea así), me gustaría pedirle a quien tenga esta objeción que me diga qué cosa que usamos no es peligrosa. ¿El vapor? ¿La pólvora? ¿Los trenes? ¿Los barcos? ¿La electricidad? ¿Los automóviles? ¿Los aviones?

¿No son acaso peligrosos los venenos que nosotros, médicos y químicos, usamos a diario en dosis diminutas, los cuales podrían destruir al paciente fácilmente si, en un momento de descuido, llegáramos a cometer un error al pesarlos?

7

El método aplicado a la educación de los niños

Antes de seguir adelante, permíteme decir algunas palabras sobre la manera de aplicar mi "método" en la educación y corrección de los niños por parte de los padres.

Aunque pueda parecer paradójico, la educación de un niño debe comenzar antes de su nacimiento.

La sobria verdad es que, si una mujer, si una futura madre, unas semanas después de la concepción, crea una imagen mental del niño que espera traer al mundo, en relación con su sexo y las cualidades físicas y morales con las que desea que su descendencia esté dotada, y si luego continúa manteniendo esa imagen mental durante el período de gestación, el niño tendrá el sexo y las cualidades deseadas por esa madre.

Las mujeres espartanas dieron a luz a niños robustos que se convirtieron en formidables guerreros, porque su mayor deseo era darle a su país solo hijos que pudieran convertirse en héroes; mientras que, en Atenas, las mujeres daban a luz a niños cuyas cualidades intelectuales superaban con creces sus atributos físicos.

Un niño, concebido de esta manera, aceptará más fácilmente buenas sugerencias y las transformará en autosugestiones que determinarán el curso de su vida. Debes darte cuenta de que todas nuestras palabras y todos nuestros actos son el simple resultado de autosugestiones inducidas, en su mayoría, a través de la sugestión por medio del ejemplo o el discurso.

¿Qué y cómo enseñar?

Entonces, ¿qué deben hacer los padres y maestros para prevenir malas autosugestiones e inducir a los niños a hacer buenas autosugestiones? Al tratar con niños, mantén siempre la calma y háblales en tono suave, pero firme. De esta manera, los influenciarás para que sean obedientes, sin despertar en ellos el menor deseo de resistirse a la autoridad.

Sobre todo, ten mucho cuidado de evitar la brutalidad o la dureza, porque corres el riesgo de crear en ellos autosugestiones de miedo acompañadas de odio. Además, evita hacer comentarios dañinos o maliciosos sobre otras personas en presencia de los niños, como a menudo sucede en las salas de estar de los hogares cuando, sin intención deliberada, se critica a la niñera de la familia o a un amigo ausente. Esto, inevitablemente, conlleva a que ellos imiten tu mal ejemplo, lo que puede tener consecuencias graves más adelante.

Tan pronto como los niños sean capaces de hablar, haz que repitan 20 veces, mañana y tarde, la frase: "Cada día, de todas las maneras, estoy mejorando más y más". Este hábito producirá en ellos una excelente salud física, mental y moral.

Despierta en ellos el deseo por el conocimiento y el amor por la naturaleza. Trata de interesarlos, dándoles todas las explicaciones posibles de manera muy clara, en tono alegre y de buen humor. Responde a sus preguntas con amabilidad, en lugar de reprimirlos de forma brusca, con frases como: "¡Qué fastidio eres!", "¡Cállate... ya lo aprenderás después!", etc.

Nunca, en ninguna circunstancia, le digas a los niños: "Eres perezoso y no sirves para nada", porque, al hacerlo, crearás en ellos esos mismos defectos que les reprochas. Si un niño es perezoso y siempre hace mal lo que tiene que hacer, sería más provechoso decirle en algún momento, incluso si no está completamente justificado por sus acciones: "¡Ah! ¡Hoy lo has hecho mucho mejor que de costumbre! ¡Bien hecho, hijo!". El niño se sentirá halagado por ese elogio poco común y trabajará mucho mejor la próxima vez; poco a poco, con el estímulo adecuado, se convertirá en un gran trabajador.

Evita hablar de enfermedades frente a los niños, ya que hacerlo sin duda servirá para crear en ellos malas autosugestiones. Por el contrario, enséñales que la salud es el estado normal del ser humano y que la enfermedad es una anomalía, una especie de inconveniente que es posible evitar, teniendo una vida moderada y bien regulada.

No fomentes en ellos debilidades, enseñándoles a temerle a esto o a aquello ni al frío ni al calor, ni a la lluvia ni al viento, etc. El ser humano fue creado para soportar tales vicisitudes sin daño, sin sufrimiento y sin quejarse.

No hagas que los niños se pongan nerviosos, llenando su mente con ideas de duendes y otras cosas temibles, porque siempre existe el riesgo de que la timidez inculcada en la infancia persista toda la vida.

Aquellos que no crían a sus hijos por sí mismos tienen que ser muy cuidadosos al seleccionar a las personas a quienes se los van a confiar. No es suficiente que esas personas sientan cariño por los niños; también es necesario que ellas tengan las mismas cualidades que esos padres desean ver reflejadas en sus hijos.

Despierta en los niños el amor por el trabajo y el estudio. Facilítaselo explicando, como dije antes, de manera clara y amable, el propósito y objetivo de su trabajo y estudio; si es posible, comparte con ellos anécdotas que los motiven y les hagan sentir interés por la siguiente lección.

Sobre todo, incúlcales que el trabajo es esencial para el ser humano y que aquel que no realiza algún tipo de trabajo es un ser inútil. Hazles ver que todo trabajo produce en la persona que lo realiza una satisfacción saludable y profunda. En cambio, la ociosidad, que parece tan deseable para muchos, produce cansancio, neurastenia, disgusto con la vida; muéstrales que la realidad de la ociosidad es que conduce a las personas que la practican a la miseria y al crimen.

Enséñales a tus hijos a ser corteses y amables siempre y con todos, especialmente, con aquellos a quienes su origen y su entorno los colocó en condiciones inferiores. Enséñales con palabras y ejemplo a respetar la vejez y a nunca burlarse ni bromear sobre los defectos que la vejez causa bien sea a nivel físico o mental, o ambos.

Enséñales a amar a toda la humanidad, sin distinción de casta. Enséñales que siempre deben estar dispuestos a ayudarles a quienes necesiten ayuda y a nunca tener miedo de invertir tiempo y dinero en ellos. Muéstrales que siempre deben pensar en los demás en lugar de en sí mismos y que, al actuar así, se siente una satisfacción interna que el egoísta no experimentará jamás.

Desarrolla la autoconfianza en ellos. Haz que comprendan que, antes de embarcarse en cualquier empresa o proyecto empresarial, es crucial analizarlo minuciosamente, mediante el razonamiento crítico, evitando la impulsividad; y una vez que hayan llegado a una decisión, deberán mantenerse en ella, a menos que algunos hechos adicionales les demuestren que estaban equivocados

Sobre todo, enséñales que deben emprender la vida con la idea muy definida de que ¡van a tener éxito! Bajo la influencia de esta idea, será inevitable que lo consigan, no quedándose tranquilos, esperando que los eventos sucedan, sino que, influenciados por esta idea, harán todo lo necesario para lograr todo éxito posible. De este modo, sabrán aprovechar las oportunidades y, si solo hubiera una sola oportunidad que se cruce en su camino, la aprovecharán, incluso si fuera agarrándose de un hilo. Así, aprenderán que aquel que desconfía de sí mismo podría ser comparado con Constant Guignard, quien nunca tiene éxito en nada, porque siempre hace todo lo que evita el éxito. Tal persona podría nadar en un océano perfecto de oportunidades, todas con cabelleras como la de Absalón mismo, pero no las vería ni aprovecharía siquiera una. Personas así, suelen crear para sí mismas las circunstancias que causan fracaso. En cambio, aquellas que están impregnadas con la idea del éxito, crean inconscientemente circunstancias favorables que terminan conduciéndolas hasta sus metas.

Los padres y maestros deberían hacerse el propósito de instruir mediante el ejemplo. El niño es impresionable y está abierto a la sugerencia. Lo que él ve que tú haces, él también querrá hacerlo. Por lo tanto, los padres deben ser muy cuidadosos al establecer solo buenos ejemplos para sus hijos.

"Sugerencias" para los padres

Para superar defectos y errores en los niños, y para desarrollar en ellos buenos hábitos y cualidades deseables, las siguientes sugerencias resultarán ser una ayuda poderosa.

Los padres deben esperar hasta que el niño esté en la cama, ya dormido. Luego, deben entrar en silencio a la habitación, acercarse a la cama, a una distancia aproximada de un metro y susurrarle 15 o 20 veces todo lo que ellos desean que el niño haga o sea en lo referente a su salud, sus sueños, su trabajo, su conducta y comportamiento, etc.; luego, deben retirarse tan en silencio como llegaron, teniendo mucho cuidado de no despertar al niño. Este procedimiento tan simple siempre da resultados muy satisfactorios y es fácil entender la razón por la que es así. Cuando el niño duerme, su cuerpo y su ser consciente están en reposo; su ser inconsciente, sin embargo, está despierto. Por lo tanto, te diriges solo a este último y, como este es muy crédulo, acepta lo que le dices sin contradicción y, poco a poco, el niño se convierte en lo que los padres desean que sea.

Los padres deberían considerar esta práctica como un deber sagrado hacia sus hijos, pues es un alimento mental y moral tan necesario para ellos como lo es la comida física.

"Sugerencias" para los maestros

Es muy deseable que los maestros les hagan sugerencias a sus alumnos todas las mañanas. Estas deberían ser algo así:

Amigos míos, espero que siempre sean educados y amables con todos y obedientes con sus padres y maestros. Siempre que ellos les den una orden o les digan algo, escuchen con atención y obedezcan con alegría la orden o instrucción recibida. Nunca la vean como una tarea molesta o aburrida. Hasta ahora, es posible que hayan pensado de vez en cuando que la orden que se les dio fue solo para molestarlos, pero ahora entienden muy bien que es en su propio interés y para su propio bien que se les dicen y explican las cosas. Por lo tanto, en lugar de estar enojados y ser desagradables, sean agradecidos con sus mayores.

Además, amen su trabajo sea el que sea. En este momento, consiste sobre todo en estudiar. A lo largo de sus lecciones, disfruten siempre de las cosas que tienen que estudiar, incluso de aquellas por las cuales hasta ahora no habían sentido interés o inclinación alguna.

Cuando un maestro les esté dando una lección, ya sea en el salón de clase o en otro lugar, préstenle toda su atención exclusiva y única a lo que él dice, sin ocupar su mente en las tonterías o estupideces que digan o hagan sus compañeros ni tampoco se entretengan haciéndolas o diciéndolas.

Bajo tales condiciones, como son inteligentes, y lo son, mis amigos, entenderán y recordarán fácilmente sus lecciones. Lo que han aprendido quedará guardado en los compartimentos de su memoria, donde permanecerá a su disposición y de allí podrán sacarlo para usarlo siempre que lo necesiten.

Del mismo modo, cuando estén solos en casa, trabajando en sus lecciones u ocupados en una tarea, fijen su atención únicamente en aquello que estén haciendo. De esta manera, siempre obtendrán buenas calificaciones en sus lecciones.

Este método, si se sigue verdadera y fielmente, producirá una raza dotada de las más altas cualidades físicas y morales.

8

Instrucciones para los practicantes del "método" de la autosugestión

El principio de este método puede resumirse en estas pocas palabras: es imposible pensar en dos cosas a la vez, es decir, que dos ideas pueden estar en yuxtaposición, pero no pueden superponerse en nuestra mente.

Cada pensamiento que llena nuestra mente por completo se vuelve realidad para nosotros y tiende a transformarse en acción.

Por lo tanto, si puedes hacer que una persona enferma piense que su problema está mejorando, este desaparecerá; si logras hacer que un cleptómano piense que ya no roba más, dejará de robar, etc.

Sin embargo, este entrenamiento, que tal vez te parezca imposible, es la cosa más simple del mundo. Basta, mediante una serie de experimentos apropiados y graduados, enseñar el tema como si fuera el ABC del pensamiento consciente.

Aquí está esa serie de experimentos. Al seguirla al pie de la letra, puedes estar absolutamente seguro de obtener un buen resultado, excepto con las dos categorías de personas mencionadas anteriormente.

(Estos experimentos son los de Sage de Rochester)

Primer experimento

1. Pídele al sujeto que se ponga de pie, con el cuerpo rígido como una barra de hierro; pon los pies juntos

desde el pie hasta el talón y los tobillos flexibles como si fuesen bisagras. Dile que haga como si fuese un tablón con bisagras en su base, que está equilibrada en el suelo.

2. Hazle notar que, si uno empuja el tablón ligeramente de cualquier manera, cae como una masa sin ninguna resistencia en la dirección en que se empuja.

3. Dile que lo vas a tirar hacia atrás por los hombros y que debe dejarse caer en tus brazos sin la menor resistencia, girando los tobillos como bisagras, es decir, manteniendo los pies fijos en el suelo.

4. Luego, tira de él hacia atrás por los hombros y, si el experimento no tiene éxito, repítelo hasta que lo logres, o casi.

Segundo experimento

1. Explícale al sujeto que, para demostrar la acción de la imaginación, le pedirás que piense por un momento: "Estoy cayendo hacia atrás, estoy cayendo hacia atrás".

2. Dile que no debe tener más pensamiento que este en su mente, que no debe reflexionar ni preguntarse si se va a caer ni pensar que si se cae puede lastimarse ni caer a propósito para complacerte; pero que, si realmente siente algo que lo impulsa a caer hacia atrás, no debe resistir el impulso, sino obedecerlo.

3. Luego, pídele que levante la cabeza, que cierre los ojos y que coloque el puño derecho en la parte posterior de su cuello y la mano izquierda en la frente.

4. Dile: "Ahora, piensa: 'Estoy cayendo hacia atrás, estoy cayendo hacia atrás'". Al mismo tiempo, dile: "Estás cayendo hacia atrás; estás... cayendo... hacia... atrás".

5. Entonces, desliza la mano izquierda ligeramente hacia atrás hasta la sien izquierda, sobre la oreja; retírala muy lentamente, pero con un movimiento continuo del puño derecho.

6. De inmediato, sentirás que el sujeto hace un ligero movimiento hacia atrás, bien sea para evitar caer o para caer por completo. En el primer caso, dile que se ha resistido y que no solo creyó que estaba cayendo, sino que además creyó que podía lastimarse si caía. Eso es cierto, porque, si no hubiese pensado esto último, habría caído como un bloque.

7. Repite el experimento usando un tono de comando como si obligaras al sujeto a obedecer. Continúa con esto hasta que sea completamente exitoso o muy cercano al éxito.

El sugestionador debe pararse un poco detrás del sujeto, con la pierna izquierda hacia adelante y la pierna derecha bien detrás de él para que el sujeto no lo bote al caer. Si no se toma esta precaución, el resultado puede ser que ambos caigan, si el sujeto es pesado.

Tercer experimento

1. Coloca el sujeto frente a ti, con el cuerpo todavía rígido, los tobillos flexibles y los pies unidos y paralelos.

2. Pon tus dos manos en sus sienes sin ninguna presión y mira fijamente, sin mover los párpados, la raíz de su nariz.

3. Dile que piense: "Estoy cayendo hacia adelante, estoy cayendo hacia adelante..." y repítele, acentuando las sílabas, "estás cayendo... hacia... adelante... estás... cayendo hacia... a-de-lan-te...", sin dejar de mirarlo fijamente.

Cuarto experimento

1. Pídele al sujeto que se agarre las manos lo más apretadas posible, es decir, hasta que los dedos tiemblen ligeramente.

2. Míralo de la misma manera que en el experimento anterior y mantén tus manos sobre las suyas como para apretarlas aún más.

3. Dile que piense que no puede soltar los dedos, que vas a contar hasta tres y que, cuando digas "tres", él debe intentar separar sus manos mientras piensa todo el tiempo: "No puedo hacerlo, no puedo hacerlo". ¡Le resultará imposible!

4. Luego, cuenta muy lentamente, "uno, dos, tres" y agrega inmediatamente, separando las sílabas: "No-pue-des-ha-cer-lo... No-pue-des-ha-cer-lo...".

5. Si el sujeto está pensando correctamente, "No puedo hacerlo", no solo no podrá separar sus dedos, sino que estos se cerrarán con mayor fuerza mientras más

esfuerzos él realice para separarlos. De hecho, obtendrá exactamente lo contrario a lo que quiere.

6. En unos momentos, dile: "Ahora, piensa: 'Puedo hacerlo'". Entonces, sus dedos se separarán.

Ten siempre cuidado de mantener tus ojos fijos en la raíz de la nariz del sujeto y no permitas que él desvíe sus ojos de los tuyos ni por un solo momento. Si es capaz de soltar las manos, no creas que es culpa tuya, sino del sujeto, que no ha pensado correctamente: "No puedo hacerlo".

Sé firme al asegurarle esto y comienza el experimento de nuevo.

Usa siempre un tono de comando que no pueda ser desobedecido. No quiero decir que sea necesario elevar tu voz; por el contrario, es preferible emplear el tono normal, pero enfatiza cada palabra en un tono seco e imperativo.

Cuando estos experimentos han tenido éxito, todos los demás tienen el mismo éxito y este puede lograrse fácilmente, siguiendo al pie de la letra las instrucciones antes dadas.

Algunos sujetos son muy sensibles y es fácil reconocerlos por el hecho de que la contracción de sus dedos y extremidades se produce fácilmente.

Después de dos o tres experimentos exitosos, ya no es necesario decirles: "Piensa esto" o "Piensa aquello". Solo necesitas, por ejemplo, decirles simplemente, pero en el tono imperativo empleado por todos los buenos sugerentes: "Cierra las manos; ahora, no puedes abrirlas". "Cierra tus ojos; ahora, no puedes abrirlos". Verás que al sujeto le resultará imposible abrir las manos o los ojos a pesar de todos sus esfuerzos. A los pocos momentos, dile: "Ahora, puedes hacerlo" y la descontracción se llevará a cabo al instante.

Estos experimentos pueden ser variados hasta el infinito.

A continuación, algunos más:

- Haz que el sujeto una las manos y sugiérele que están soldadas entre sí.

- Haz que ponga su mano sobre la mesa y sugiérele que está pegada a ella.

- Dile que está pegado a su silla y que no puede levantarse.

- Haz que se levante y dile que no puede caminar.

- Pon un portaplumas sobre la mesa y dile que pesa 100 kilos y que no puede levantarlo, etc.

En todos estos experimentos, —y no me cansaré de repetirlo—, no es la sugestión propiamente dicha la que produce los fenómenos, sino la autosugestión que sigue a la sugestión del operador.

9

Método de procedimiento en la sugestión curativa

Cuando el sujeto ha pasado por los experimentos anteriores y los ha comprendido, está maduro y listo para la sugestión curativa. Es como un campo cultivado en el que la semilla puede germinar y desarrollarse, mientras que antes era una tierra áspera en la que habría perecido.

Independientemente de la dolencia que sufra el sujeto, ya sea física o mental, es importante proceder siempre de la misma manera y usar las mismas palabras con algunas variaciones según el caso.

Dile al sujeto:

Siéntate y cierra los ojos. No voy a intentar ponerte a dormir, ya que no es necesario. Te pido que cierres los ojos para que tu atención no se distraiga con los objetos que te rodean.

Ahora, repítete a ti mismo que cada palabra que yo diga se fijará en tu mente y se imprimirá, grabará e incrustará en ella, y que allí permanecerá fija, impresa e incrustada. Esto, sin tu voluntad o conocimiento. De hecho, de manera 100% inconsciente de tu parte, tú y todo tu organismo van a obedecer.

En primer lugar, digo que cada día, tres veces al día, por la mañana, a mediodía y por la tarde, a las horas habituales de la comida, sentirás hambre, es decir, experimentarás la agradable sensación que te hace pensar y decir: "¡Oh! ¡Qué bueno será comer algo!". Luego, comerás y disfrutarás tu comida, sin comer demasiado. También tendrás cuidado de masticarla hasta transformarla en una especie de pasta suave antes de tragarla. En estas condiciones, la digerirás correctamente y, por lo tanto, no sentirás molestias ni inconvenientes ni dolores de ningún tipo en el estómago ni en los intestinos. Asimilarás lo que comes y tu organismo lo utilizará para transformarlo en sangre, músculo, fuerza y energía, en una palabra: en vida.

Dado que habrás digerido bien tu comida, la función de excreción será normal y cada mañana, al levantarte, sentirás la necesidad de evacuar los intestinos. Entonces, sin que te veas obligado a tomar medicamentos ni a utilizar ningún artilugio, obtendrás un resultado normal y satisfactorio.

Además, cada noche, desde el momento en que deseas dormir hasta la hora que deseas despertarte a la mañana siguiente, dormirás profunda, tranquila y silenciosamente, sin pesadillas. Al despertarte, te sentirás bien, alegre y activo.

Del mismo modo, si en ocasiones sufres de depresión, si eres sombrío y propenso a preocuparte y a ver el lado oscuro de las cosas, a partir de ahora, dejarás de hacerlo y, en lugar de preocuparte, deprimirte y encontrarle el lado oscuro a las cosas, te sentirás alegre aunque no haya ninguna razón especial para ello, tal como solías sentirte deprimido sin ninguna razón en particular. Aún más, incluso si tienes una razón real para estar preocupado y deprimido, no lo estarás.

Si también estás sujeto a ataques ocasionales de impaciencia o mal genio, dejarás de tenerlos. Por el contrario, siempre serás paciente y dueño de ti mismo. Aquellas cosas que te preocuparon, molestaron o irritaron a partir de ahora te serán indiferentes y te mantendrás tranquilo.

Si a veces eres atacado, perseguido y acosado por ideas malas y malsanas, por temores, aprehensiones, aversiones, tentaciones o rencores contra otras personas, poco a poco, tu imaginación irá perdiendo de vista todo ello, se desvanecerá y se alejará como si estuviese en una nube lejana donde al fin desaparecerá por completo. Como los sueños que se desvanecen cuando nos despertamos, también desaparecerán todas estas vanas imágenes.

A esto, agrego que todos tus órganos están desempeñando bien sus funciones. El corazón late de manera normal y la circulación de la sangre ocurre como debería; los pulmones están desempeñando sus funciones, como también el estómago, los intestinos, el hígado, el conducto biliar, los riñones y la vejiga. Si en este momento, alguno de ellos actúa de manera anormal, esa anomalía es cada día menor, pronto habrá desaparecido por completo y el órgano habrá recuperado su función normal. Además, si hubiese lesiones en cualquiera de estos órganos, estas mejorarán día a día y pronto se curarán por completo.

(Respecto a esto, puedo decir que no es necesario saber qué órgano está afectado para que se cure. Bajo la influencia de la autosugestión "cada día, en todos los aspectos, estoy mejor y mejor", el inconsciente actúa sobre el órgano que él puede detectar por sí mismo).

También debo agregar que, y es muy importante, si hasta el momento te ha faltado confianza en ti mismo, te digo que esta desconfianza desaparecerá poco a poco y dará lugar a una confianza basada en el conocimiento de esta fuerza de incalculable poder que se encuentra en cada uno de nosotros.

Es absolutamente necesario que cada ser humano tenga esta confianza. Sin ella, uno no puede lograr nada; con ella, uno puede lograr lo que quiera, (dentro de lo razonable, por supuesto). Tendrás entonces confianza en ti mismo y esta confianza te dará la seguridad de que eres capaz de lograr lo que desees hacer —a condición de que sea razonable— y lo que es tu deber hacer.

Entonces, cuando deseas hacer algo razonable, o cuando tienes un deber que cumplir, siempre piensa que es fácil y haz que las palabras y frases "difícil", "imposible", "no puedo", "es más fuerte que yo", "no puedo evitarlo" y otras similares a estas desaparezcan de tu vocabulario. No existen en tu idioma. La que sí existe es: "Esto es fácil y yo puedo".

Al considerarlo fácil, se vuelve fácil para ti, aunque a los demás les parezca difícil. Lo harás rápido, bien y sin cansancio, porque lo harás sin esfuerzo, mientras que, si lo consideraras difícil o imposible, lo será para ti, simplemente, porque así lo pensaste.

***

A estas sugestiones generales que quizá sean largas e incluso infantiles para algunos, pero que son necesarias, deben agregarse aquellas que se aplican al caso particular del paciente con el que se está tratando.

Todas estas sugestiones deben hacerse con una voz monótona y suave (siempre enfatizando las palabras esenciales) que, aunque no ponga al sujeto a dormir, al menos, lo haga sentir somnoliento y que no piense en nada en particular.

Cuando hayas llegado al final de la serie de sugestiones, abordarás el tema en estos términos:

En resumen, quiero decirte que, desde todos los puntos de vista, tanto físico como mental, disfrutarás de una salud excelente, mejor que la que has disfrutado hasta este momento. Ahora, voy a contar tres y, cuando diga "tres", abrirás los ojos y saldrás del estado pasivo en el que te encuentras. Saldrás de él con total naturalidad, sin sentirte en absoluto somnoliento o cansado. Por el contrario, te sentirás fuerte, vigoroso, alerta, activo, lleno de vida; aún más, te sentirás muy alegre y en forma en todos los sentidos.

UNO - DOS - TRES

Al oír la palabra "tres", el sujeto abre sus ojos, siempre con una sonrisa y una expresión de bienestar y satisfacción en su rostro. A veces, aunque rara vez, el paciente se cura en el mismo momento y lugar; en otras ocasiones, y este es el caso más general, se siente aliviado, su dolor o su depresión han desaparecido parcial o totalmente, aunque solo por cierto tiempo.

En todos los casos, es necesario renovar las sugestiones con mayor o menor frecuencia según sea la necesidad del sujeto, teniendo cuidado de hacer intervalos cada vez más largos, de acuerdo con el progreso obtenido, hasta que las sugestiones ya no sean necesarias, es decir, cuando la curación sea completa.

Antes de despedir al paciente, debes decirle que lleva en su interior el instrumento mediante el cual él puede curarse a sí mismo y que tú eres, por así decirlo, solo un profesor que le está enseñando a usar este instrumento y que él deberá ayudarse al hacer su tarea.

Así, cada mañana, antes de levantarse, y cada noche al acostarse, debe cerrar los ojos y en el pensamiento transportarse a tu presencia y luego repetir 20 veces consecutivas, con una voz monótona, contando por medio de un cordón con 20 nudos, esta pequeña frase:

"Cada día, en todos los aspectos, estoy mejor, mejor y mejor".

En su mente, el sujeto debe enfatizar las palabras *"en todos los aspectos"*, lo que aplica a toda necesidad mental o física. Esta sugestión general es más eficaz que las específicas.

Por lo tanto, es fácil comprender la parte desempeñada por quien hace las sugestiones. No es un maestro que da órdenes, sino un amigo, un guía que lleva paso a paso al paciente en el camino hacia su buena salud.

Como todas las sugestiones se dan en el interés del paciente, su inconsciente no pide nada mejor que asimilarlas y transformarlas en autosugestiones. Cuando se ha hecho esto, la curación se obtiene más o menos rápido, según las circunstancias.

10

La superioridad de este método

Este método da resultados maravillosos y es fácil entender por qué. De hecho, al seguir mi consejo, es imposible fracasar, excepto con las dos clases de personas antes mencionadas, que menos mal solo representan el 3% del total de la población.

Sin embargo, si intentas hacer que tus pacientes se duerman de inmediato, sin las explicaciones y los experimentos preliminares necesarios para llevarlos a aceptar las sugestiones y transformarlas en sugestiones automáticas, no podrás y no tendrás éxito, excepto con personas particularmente sensibles, que son pocas.

Todos pueden llegar a ser muy sensibles con entrenamiento, pero muy pocos lo son sin la instrucción preliminar que yo recomiendo, la cual puede hacerse en unos minutos.

Antes, creyendo que las sugestiones solo podían darse durante el sueño, siempre intentaba dormir a mis pacientes, pero al descubrir que esto no era indispensable, dejé de hacerlo para evitarles el temor y la inquietud que ellos casi siempre experimentan cuando se les dice que los van a poner a dormir, lo cual, aún sin querer, hace que ellos generen una resistencia involuntaria. Si, por el contrario, le dices al paciente que no lo vas a dormir, porque no hay necesidad de hacerlo, te ganas su confianza. Te escuchará sin miedo ni ningún pensamiento ulterior, y a menudo sucede que —si no la primera vez, muy pronto, en todo caso—, tranquilizado por el sonido monótono de tu voz, tu paciente cae en un sueño profundo del que se despierta asombrado de haberse dormido.

Cuando estoy frente a escépticos, como ocurre a veces, todo lo que tengo que decirles es: "Vengan a mi casa, vean lo que está sucediendo y se convencerán con los hechos".

Sin embargo, no te quedes con la idea de que la autosugestión solo puede llevarse a cabo de la manera que he descrito. Es posible hacerles sugestiones a personas sin su conocimiento y sin ninguna preparación.

Por ejemplo, si un médico, que solo por su título tiene una influencia sugestiva en su paciente, le dice que no puede hacer nada por él y que su enfermedad es incurable, provoca en la mente de este último una autosugestión que puede tener las consecuencias más desastrosas. Del mismo modo, si le dice que su enfermedad es grave, eso es cierto, pero que, con cuidado, tiempo y paciencia puede curarse, a veces, e incluso a menudo, obtiene resultados que lo sorprenderán.

Aquí hay otro ejemplo: si un médico, después de examinar a su paciente, hace una prescripción médica y se la da sin ningún comentario, los remedios prescritos no tendrán muchas posibilidades de éxito; si, por otro lado, le explica a su paciente que tales y tales medicamentos deben tomarse en tales y tales condiciones y que producirán ciertos resultados, es casi seguro que esos resultados se producirán.

Si tú eres un médico o un químico, espero que no me consideres tu enemigo. Por el contrario, yo soy tu mejor amigo.

Por un lado, me gustaría ver el estudio teórico y práctico de la sugestión en el programa de las escuelas de medicina para gran beneficio de los enfermos y de los propios médicos; por otro lado, en mi opinión, cada vez que un paciente acude a ver a su médico, este último debe darle uno e incluso varios medicamentos, incluso si estos no son necesarios. De hecho, cuando un paciente visita a su médico es para saber qué medicamento lo curará. No comprende que son la higiene y el régimen los que lo curan y les atribuye poca importancia, pues lo que él quiere es un medicamento.

En mi opinión, si el médico solo prescribe un régimen sin ningún medicamento, su paciente quedará insatisfecho. Dirá que se tomó la molestia de consultarlo para nada y, a menudo, acudirá a otro médico. Entonces, me parece que el médico siempre debe recetarle medicamentos a su paciente y, en la medida de lo posible, que sean medicamentos compuestos por él mismo en lugar de los remedios estándar que tanto se anuncian y que le deben su único valor a la propaganda. Las medicinas preparadas por el médico inspirarán mucha más confianza que las píldoras X y Y que cualquiera puede adquirir en la farmacia más cercana sin necesidad de una prescripción médica.

11

Lo que puede hacer la autosugestión

Observaciones de algunas sanaciones destacadas.

El joven B, de 13 años, ingresa en el hospital en enero de 1912. Tiene una enfermedad cardíaca muy grave, caracterizada por una peculiaridad en la respiración. Tiene tanta dificultad para respirar que solo puede dar pasos muy lentos y cortos. El médico que lo atiende, uno de nuestros mejores médicos, predice un problema de avance rápido y fatal.

El inválido abandona el hospital en febrero, sin mejorar. Un amigo de su familia me lo trae y, cuando lo veo, lo considero un caso perdido. Sin embargo, lo hago pasar por pruebas preliminares que resultan exitosas. Después de haberle hecho una sugestión y haberle aconsejado que hiciera lo mismo por sí mismo, le digo que vuelva en dos días. Cuando lo hace, veo, para mi asombro, una notable mejoría en su respiración y en su andar. Renuevo la sugestión y dos días después, cuando regresa, la mejoría ha continuado y así sucede en cada visita. Tan rápido es el progreso que tres semanas después de la primera visita, mi pequeño paciente puede ir a pie, junto a su madre, a la meseta de Villers; puede respirar con facilidad y casi normalmente puede caminar y subir las escaleras sin quedarse sin aliento, lo que antes le resultaba imposible. Como la mejora se mantiene constante, el pequeño B me pregunta si puede ir y quedarse con su abuela en Carignan. Como parece estar bien, le aconsejo que lo haga y se va, pero de vez en cuando me envía noticias. Su salud está cada vez mejor, tiene buen apetito, digiere y asimila bien la comida y la sensación de opresión ha desaparecido por completo. No solo puede caminar como todos los demás, sino que incluso corre y persigue mariposas.

Al regresar en octubre, casi no puedo reconocerlo, porque el pequeño y encorvado niño que se fue en mayo se convirtió en un niño alto y erguido, cuya cara brilla radiante de salud. Ha crecido 12 centímetros y ha aumentado 19 libras de peso. Desde entonces, ha vivido una vida perfectamente normal; sube y baja escaleras, monta en bicicleta y juega al fútbol con sus compañeros.

***

Srta. X., de Ginebra, 13 años. Dolor en el templo occipital considerado por varios médicos como de origen tuberculoso. Durante año y medio, se ha negado a ceder a los diferentes tratamientos ordenados. La llevan a M. Baudouin, seguidor del Sr. Coué en Ginebra, que la trata por sugestión y le dice que regrese en una semana. Cuando ella regresa, el dolor ha sanado.

***

Srta. Z., también de Ginebra. Ha tenido la pierna derecha estirada durante 17 años, debido a un absceso localizado por encima de la rodilla que tuvo que ser operado. Le pide a M. Baudouin que la trate por sugestión y casi no ha comenzado cuando la pierna puede doblarse o desdoblarse de manera normal. (Había, por supuesto, una causa sicológica en el caso).

***

Sra. Urbain Marie, de 55 años, en Maxéville. Venas varicosas que datan de más de año y medio. Primera visita en septiembre de 1915 y una segunda una semana más tarde. En 15 días, se curó por completo.

***

Emile Chenu, de 10 años, Grande-Rue, 19 (refugiado de Metz). Dolor desconocido en el corazón, con endocarditis. Cada noche, pierde sangre por la boca. Viene por primera vez en julio de 1915 y, después de algunas visitas, la pérdida de sangre disminuye poco a poco hasta que, a fines de noviembre, ha cesado por completo. Parece que la endocarditis desaparece y, para agosto de 1916, no ha habido recaída.

***

Sr. Hazot, de 48 años, vive en Brin. Inválido desde el 15 de enero de 1915, con una bronquitis específica que empeora cada día. Viene a verme en octubre de 1915. La mejora es inmediata y se ha mantenido desde entonces. Actualmente, aunque no está curado del todo, sí está mucho mejor.

***

Sr. B., ha sufrido durante 24 años de una sinusitis frontal que ha requerido de ¡11 operaciones! A pesar de todo lo que se le ha hecho, la sinusitis persiste, acompañada de dolores intolerables. El estado físico del paciente es en extremo lamentable. Tenía dolor violento y casi continuo, extrema debilidad, falta de apetito, no podía caminar ni leer ni dormir, etc. Sus nervios estaban casi tan mal como su cuerpo y, a pesar del tratamiento de expertos como Bernheim, de Nancy; Dejerine, de París; Dubois, de Berna; X, de Estrasburgo; el hecho es que su mala salud no solo continuó, sino que empeoró cada día.

El paciente vino a verme en septiembre de 1915, por consejo de otro de mis pacientes. Desde ese momento, evolucionó a gran velocidad y, en la actualidad (1921), se encuentra perfectamente bien. Su caso es una verdadera resurrección.

***

Sr. Nagengast, de 18 años, rue Sellier, 39. Sufre de la enfermedad de Pott. Viene a verme a principios de 1914, después de haber estado encerrado durante seis meses en un corsé de yeso. Viene dos veces a la semana a las "sesiones" y se hace la sugestión habitual mañana y tarde. La mejora pronto se muestra y en poco tiempo el paciente puede prescindir de su revestimiento de yeso. Lo volví a ver en abril de 1916. Estaba completamente curado y cumplía con sus deberes como cartero, después de haber sido asistente de una ambulancia en Nancy, donde se quedó hasta que sus servicios ya no fueron requeridos.

***

Sr. D., en Jarville. Parálisis del párpado superior izquierdo. Va al hospital donde recibe inyecciones cuyo resultado es que se levanta el párpado. Sin embargo, el ojo izquierdo se le desviaba hacia afuera más de 45 grados y parecía necesaria una operación. Fue en este momento que vino a verme y, gracias a la autosugestión, el ojo volvió poco a poco a su posición normal.

***

Sra. L., de Nancy. Dolor continuo en el lado derecho de la cara, que se prolongó durante 10 años. Ha consultado a muchos médicos cuyas recetas resultan inútiles y se considera necesaria una operación. La paciente viene a verme el 25 de julio de 1916 y hay una mejora inmediata. En cuestión de unos 10 días, el dolor se desvaneció por completo y hasta el 20 de diciembre no hubo recurrencia.

***

Maurice, de 8 años y medio, de Nancy. Pies deformes. Una primera operación cura o casi cura el pie izquierdo, mientras que el derecho permanece lisiado. Dos operaciones posteriores no sirven. Traen al niño por primera vez en febrero de 1915. Camina bastante bien, gracias a dos artefactos que mantienen sus pies rectos. A la primera visita le sigue una mejora inmediata. Después de la segunda, el niño puede caminar con botas normales. La mejora se hace cada vez más evidente y el 17 de abril el niño está bastante bien. El pie derecho, sin embargo, ahora no está tan fuerte como antes, debido a un esguince en febrero de 1916.

***

Srta. X., de Blainville. Llaga con una afección en el pie izquierdo, probablemente de origen específico. Un leve esguince ha provocado hinchazón en el pie, acompañada de dolores agudos. Diferentes tratamientos solo han tenido un efecto negativo y en poco tiempo aparece una llaga supurativa que indica caries en el hueso. Caminar se vuelve cada vez más doloroso y difícil a pesar del tratamiento.

Siguiendo el consejo de una paciente anterior que se curó, ella vino a verme y se notó un gran alivio después de las primeras visitas. Poco a poco, la hinchazón disminuye, el dolor se vuelve menos intenso, la supuración disminuye y, finalmente, el dolor se cura. El proceso ha tardado unos meses. En la actualidad, el pie está prácticamente normal y aunque el dolor y la hinchazón han desaparecido por completo, la flexión posterior del pie aún no es perfecta, lo que hace que la paciente cojee ligeramente.

***

Sra. R., de Chavigny. Metritis que data de hace 10 años. Llega a fines de julio de 1916. La mejora es inmediata, el dolor y la pérdida de sangre disminuyen a gran velocidad y hasta el 29 de septiembre siguiente los dos síntomas desaparecieron. Su período menstrual, que duraba casi 10 días, ahora se reduce a cuatro.

***

Sra. H., de la rue Guilbert-de-Pivérécourt, en Nancy, 49 años. Sufre de una úlcera varicosa que data de septiembre de 1914, la cual se ha tratado de acuerdo con el consejo de su médico, pero sin éxito. La úlcera de la parte inferior de la pierna es enorme (tan grande como una moneda de dos francos y se extiende hasta el hueso) y está situada sobre el tobillo. La inflamación es muy intensa, la supuración es abundante y los dolores son extremadamente violentos. La paciente llega por primera vez en abril de 1916 y la mejora, que es visible después del primer tratamiento, continúa sin interrupción. Para el 18 de febrero de 1917, la hinchazón disminuyó por completo y el dolor y la irritación desaparecieron. La llaga todavía está allí, pero no es más grande que un guisante y solo tiene unos pocos milímetros de profundidad. Todavía sangra muy ligeramente. Para 1920, está completamente curada.

***

Srta. D., de Mirecourt, 16 años de edad. Ha sufrido ataques de nervios durante tres años. Los ataques, al principio poco frecuentes, se han producido gradualmente a intervalos más cercanos. Cuando vino a verme el 1 de abril de 1917, había tenido tres ataques en la quincena anterior. Hasta el 18 de abril, no había tenido ninguno. Debo añadir que esta joven, desde el momento en que inició el tratamiento, ya no fue afectada por los dolores de cabeza que sufría casi a diario.

***

Sra. M., 43 años, rue d'Amance, 2, Malzéville. Llega a fines de 1916, por violentos dolores de cabeza de los cuales ha sufrido toda su vida. Después de algunas visitas, estos desaparecen por completo. Dos meses después, se dio cuenta de que también se había curado de un prolapso del útero que no me mencionó y en el cual ella no pensaba cuando hizo la autosugestión. (Este resultado se debe a las palabras: "en todos los aspectos" que figuran en la fórmula utilizada mañana y tarde).

***

Sra. D., Choisy-le-Roi. Solo una sugestión general de mi parte en julio de 1916 y autosugestión por su parte mañana y tarde. En octubre del mismo año, esta señora me dice que está curada de un prolapso del útero que había sufrido durante más de 20 años. Hasta abril de 1920, la curación se mantiene. (Mismo comentario que en el caso anterior).

***

Sra. Jousselin, de 60 años, ruedes Dominicains, 6. Viene el 20 de julio de 1917, por un dolor violento en la pierna derecha, acompañado de una hinchazón considerable de toda la extremidad. Solo puede arrastrarse con gemidos, pero después de la "sesión", para su gran asombro, ella puede caminar normalmente, sin sentir el menor dolor. Cuando regresa cuatro días después, el dolor no ha regresado y la hinchazón ha disminuido. La paciente me dice que, desde que asistió a las "sesiones", también se curó de un flujo blanco y de la enteritis que había sufrido durante mucho tiempo. (Mismo comentario que arriba). A noviembre, la curación se mantiene.

***

Srta. GL., de 15 años, rue du Montet, 88. Ha tartamudeado desde la infancia. Llegó el 20 de julio de 1917 y el tartamudeo cesó al instante. Un mes después, la volví a ver y no tuvo recurrencia.

***

Sr. Eugene Ferry, 60 años, ruede la Cote, 56. Durante cinco años, ha sufrido dolores reumáticos en los hombros y en la pierna izquierda. Camina con dificultad, apoyándose en un bastón y no puede levantar los brazos por encima de los hombros. Llega el 17 de septiembre de 1917. Después de la primera "sesión", los dolores desaparecen por completo y el paciente no solo puede dar largos pasos, sino también correr. Aún más, puede girar ambos brazos como un molino de viento. En noviembre, la curación aún se mantiene.

***

Sra. Lacour, 63 años, chemin des Sables. Dolores en la cara que datan de hace más de 20 años. Todos los tratamientos han fallado. Se aconseja una operación, pero la paciente se niega a someterse a ella. Viene por primera vez el 25 de julio de 1916 y cuatro días después, el dolor cesa. La curación se ha mantenido hasta el día de hoy.

***

Sra. Martín, Grande-Rue (Ville-Vieille), 105. Inflamación del útero desde hace 13 años, acompañada de dolores y flujos blancos y rojos. Menstruación muy dolorosa se repite cada 22 o 23 días y dura de 10 a 12 días. Viene por primera vez el 15 de noviembre de 1917 y regresa regularmente cada semana. Hay una mejora visible después de la primera visita, que continúa rápidamente. Hasta principios de enero de 1918, la inflamación ha desaparecido por completo; su período le viene a intervalos más regulares y sin el menor dolor. También se curó de un dolor en la rodilla que había tenido durante 13 años.

***

Sra. Castelli, de 41 años, de Einville. Dolores reumáticos intermitentes en la rodilla derecha durante 13 años. Hace cinco años, tuvo un ataque más violento de lo normal, la pierna se inflamó al igual que la rodilla y luego se atrofió la parte inferior de la extremidad. La paciente quedó reducida a caminar sintiendo mucho dolor, con la ayuda de una muleta. Vino a verme por primera vez el 5 de noviembre de 1917. Se va sin la ayuda de la muleta. Desde entonces, ya no la usa, pero a veces usa su bastón. El dolor en la rodilla vuelve de vez en cuando, pero es muy leve.

***

Sra. Meder, de 52 años, de Einville. Durante seis meses, ha sufrido dolor en la rodilla derecha, acompañado de hinchazón, lo que le hace imposible doblar la pierna. Llega por primera vez el 7 de diciembre de 1917. Regresa el 4 de enero de 1918, diciendo que casi ha dejado de sufrir y que puede caminar normalmente. Después de esa visita del 4, el dolor cesa por completo y la paciente camina como las demás personas.

12

Lo que ha conseguido la autosugestión

Observaciones de algunas curas notables

Este pequeño trabajo estaría incompleto si no incluyera algunos ejemplos de las curaciones logradas. Sin embargo, tomaría demasiado tiempo y sería algo agotador si tuviera que relatar todas aquellas en las que he participado. Por lo tanto, me contentaré citando algunas de las más notables.

Srta. M, de Troyes. Había padecido asma durante ocho años, lo que la obligaba a sentarse en la cama casi toda la noche, luchando por respirar. Los experimentos preliminares muestran que es una persona muy sensible. Se duerme de inmediato y se le hace la sugestión. Desde el primer tratamiento, hay una enorme mejora. La paciente tiene una buena noche, solo interrumpida por un ataque de asma que dura apenas un cuarto de hora. En muy poco tiempo, el asma desaparece por completo y no hay recaída posterior.

***

Sra. L., hostelera que trabaja en Sainte-Savine, cerca de Troyes. Paralizada durante dos años como resultado de lesiones en la unión de la columna vertebral y la pelvis. La parálisis se produce solo en las extremidades inferiores, en las que la circulación de la sangre prácticamente ha cesado, inflamándolas, congestionándolas y decolorándolas. Se han intentado varios tratamientos, incluido el antisifilítico, sin éxito. Le realicé unas pruebas preliminares exitosas; luego una sugestión aplicada por

Lo que ha conseguido la autosugestión

mí y autosugestión por parte de la paciente durante ocho días. Al final de este tiempo, hay un movimiento casi imperceptible, pero apreciable de la pierna izquierda. Nuevas sugestiones. En ocho días, la mejora es notable. Cada semana o quincena, hay una mejora cada vez mayor con la disminución progresiva de la hinchazón y así sucesivamente. A los 11 meses después, el primer día de noviembre de 1906, la paciente baja sola y camina 800 metros; en el mes de julio de 1907, regresa a la fábrica donde ha seguido trabajando desde entonces, sin rastro de parálisis.

***

Sr. A., vive en Troyes. Ha sufrido enteritis (inflamación del intestino) durante mucho tiempo, por lo cual se le han realizado diferentes tratamientos, pero han sido en vano. Se encuentra en un estado mental muy malo, deprimido, melancólico, insociable y obsesionado por pensamientos suicidas. Las pruebas preliminares fueron fáciles, seguidas de sugestiones que produjeron un resultado apreciable desde el mismo día. Durante tres meses, le realizo sugestiones diarias para comenzar; luego, a intervalos cada vez más largos. Al final de este período, la curación está completa, la enteritis ha desaparecido y su motivación se ha vuelto excelente. Como la curación se remonta a 12 años sin sombra de una recaída, puede considerarse como permanente.

***

El Sr. G. es un ejemplo sorprendente de los efectos que pueden producirse por sugestión o más bien por autosugestión.

Al mismo tiempo que le hice sugestiones desde el punto de vista físico, también lo hice desde lo mental y él asimiló ambas sugestiones igual de bien. Cada día, aumentaba su confianza en sí mismo y como era un excelente trabajador, a fin de ganar más dinero, buscó una máquina que le permitiera trabajar desde su casa para su empleador. Poco después, el propietario de una fábrica que había visto con sus propios ojos lo buen trabajador que era, le confió la máquina que él deseaba. Gracias a su habilidad pudo lograr mucho más que un obrero común y su empleador, encantado con los resultados, le dio otra máquina y luego otra más hasta que el Sr. G., quien, si no hubiese sido por la sugestión, hubiese seguido siendo un obrero ordinario, ahora está a cargo de seis máquinas que le generan muy buenas ganancias.

***

Sra. D., de Troyes. De unos 30 años. Está en las últimas etapas de tuberculosis y adelgaza a diario a pesar de una nutrición especial. Sufre de tos, escupe y tiene dificultad para respirar; de hecho, todo hace creer que le quedan solo unos meses de vida. Las pruebas preliminares que le hice muestran una gran sensibilidad. La sugestión es seguida por una mejora inmediata. A partir del día siguiente, los síntomas mórbidos comienzan a disminuir. Cada día, la mejora se hace más marcada, la paciente gana peso a gran velocidad y ya no toma ninguna alimentación especial. En pocos meses, la curación parece ser completa. Ella me escribió el 1 de enero de 1911, es decir, ocho meses después de haber dejado Troyes, para agradecerme y decirme que estaba embarazada y se sentía perfectamente bien.

***

He elegido deliberadamente estos casos que datan de hace un tiempo para mostrar que las curaciones son permanentes, pero me gustaría agregar algunos casos más recientes.

Sr. X., empleado de la oficina de correos en Luneville. Habiendo perdido a uno de sus hijos en enero de 1910, sufre una perturbación cerebral que se manifiesta en un temblor nervioso incontrolable. Su tío me lo trae en el mes de junio. Le practico unas pruebas preliminares seguidas de sugestión. Cuatro días después, el paciente regresa para decirme que el temblor desapareció. Renuevo la sugestión y le digo que regrese en ocho días. Pasó una semana; luego, una quincena; luego, tres semanas; luego, un mes y yo no escucho nada de él. Poco después, su tío viene y me dice que acaba de recibir carta de su sobrino, diciéndole que está perfectamente bien. Ha retomado su trabajo de telegrafista —que se había visto obligado a dejar— y el día anterior envió un telegrama de 170 palabras sin la menor dificultad. Podría fácilmente, según dice él en su carta, haber enviado uno aún más largo. Desde entonces, no ha tenido ninguna recaída.

***

Sr. Y., de Nancy. Ha sufrido de neurastenia durante varios años. Tiene aversiones, temores nerviosos y trastornos del estómago y los intestinos. Duerme mal, es sombrío y está atormentado por ideas de suicidio; se tambalea como un borracho cuando camina y no puede pensar en nada más que en su problema. Todos los tratamientos han fallado y él empeora cada día más; una estancia en un asilo especial para tales casos no tiene ningún efecto en su salud. El Sr. Y. viene a verme a principios de octubre de 1910. Le practico unas pruebas preliminares comparativamente fáciles. Le explico los principios de la autosugestión y la existencia dentro de nosotros del ser consciente e inconsciente. Luego, hago la sugestión requerida. Durante dos o tres días, el Sr. Y tiene algo de dificultad con las explicaciones que le he dado.

En poco tiempo, "hay luz" en su mente y comprende todo el asunto. Renuevo la sugestión y él mismo la hace todos los días. La mejora, que al principio es lenta, se vuelve más y más rápida; en un mes y medio se completa la curación. El ex inválido, que hasta ahora se había considerado a sí mismo como el más miserable de los hombres, ahora se considera el más feliz de los mortales.

***

Sr. E., de Troyes. Ataque de gota. Tobillo derecho inflamado y doloroso. No puede caminar. Las pruebas preliminares muestran que es un sujeto muy sensible. Después del primer tratamiento, puede abordar, sin la ayuda de su bastón, el carruaje que lo trajo. El dolor ha cesado. Al día siguiente, no regresa, como le había dicho que lo hiciera. Luego, su esposa viene sola y me dice que esa mañana su esposo se levantó, se puso los zapatos y se fue en bicicleta a visitar sus jardines (él es un pintor). No hace falta decir nada acerca de mi total asombro. No pude seguir con este caso, ya que el paciente nunca se dignó venir a verme de nuevo, pero tiempo después, supe que no había tenido una recaída.

***

Sra. T., de Nancy. Neurastenia, dispepsia, gastralgia, enteritis y dolores en diferentes partes del cuerpo. Se ha tratado durante varios años, con resultados negativos. La trato mediante sugestión y ella hace autosugestiones para sí misma todos los días. Desde el primer día, hay una mejora notable que continúa sin interrupción. Hoy en día, ya lleva curada mental y físicamente desde hace mucho tiempo y no sigue ningún régimen. Piensa que todavía tiene una ligera enteritis, pero no está segura.

***

Sra. X., hermana de la Sra. T. Neurastenia aguda. Se queda en cama una quincena cada mes, ya que le resulta totalmente imposible moverse o trabajar; sufre de falta de apetito, depresión y trastornos digestivos. Se curó con una visita y la curación parece ser permanente, ya que no ha tenido una recaída.

***

Sra. H., de Maxéville. Eczema general, particularmente grave en la pierna izquierda. Ambas piernas están inflamadas, sobre todo, en los tobillos; caminar le resulta difícil y doloroso. La trato por sugestión. Esa misma tarde, la Sra. H. puede caminar varios cientos de metros sin fatiga. Al día siguiente, ni los pies ni los tobillos están hinchados y no han vuelto a hincharse desde entonces. El eczema desapareció a gran velocidad.

***

Sra. F., de Laneuveville. Dolores en los riñones y las rodillas. La enfermedad se remonta a 10 años atrás y cada día empeora. Sugestión de mi parte y autosugestión por parte de ella. La mejora es inmediata y aumenta poco a poco. Su curación es rápida y permanente.

***

Sra. Z., de Nancy. Se sintió enferma en enero de 1910, con congestión pulmonar de la cual no se había recuperado dos meses después. Sufre de debilidad general, pérdida de apetito, problemas digestivos graves, acción intestinal escasa y difícil, insomnio y sudoración nocturna abundante. Después de la primera sugestión, la paciente se siente mucho mejor; dos días después, regresa y me dice que se siente bastante bien. Todo rastro de enfermedad ha desaparecido y todos los órganos funcionan con total normalidad. Tres o cuatro veces, estuvo a punto de tener sudoración, pero siempre la evitó, mediante el uso de autosugestión consciente. Desde entonces, la Sra. Z ha gozado de completa salud.

***

Sr. X, en Belfort. No puede hablar durante más de 10 o 15 minutos sin ponerse completamente afónico. Diferentes médicos consultados no encuentran lesiones en los órganos vocales, pero uno de ellos dice que el Sr. X. sufre de senilidad de la laringe, conclusión que le confirma su creencia de que es incurable. Viene a pasar sus vacaciones a Nancy y una conocida le aconseja que venga a verme. Al principio, se niega, pero termina aceptando a pesar de su absoluta incredulidad en los efectos de la sugestión. Sin embargo, lo trato de esta manera y le pido que regrese dos días después. Regresa el día señalado y me dice que el día anterior pudo conversar toda la tarde sin ponerse afónico. Dos días más tarde, regresa para decirme que su problema no ha vuelto a aparecer, aunque no solo ha conversado mucho, sino que incluso cantó el día anterior. La curación sigue en efecto y estoy convencido de que mejorará por completo.

***

Antes de terminar, me gustaría decir algunas palabras sobre la aplicación de mi método a la capacitación y corrección de los niños por parte de sus padres.

Estos últimos deben esperar hasta que el niño esté dormido y luego uno de ellos debe entrar en su habitación con precaución, detenerse a un metro de su cama y repetir 15 o 20 veces en un murmullo todas las cosas que desean ver en el niño desde el punto de vista de salud, habilidades, responsabilidad, conducta, etc. Luego, debe retirarse teniendo mucho cuidado de no despertar al niño.

Este proceso tan simple da grandes resultados y es fácil entender por qué. Cuando el niño está dormido, su cuerpo y su yo consciente están descansando y, por así decirlo, inermes; sin embargo, su yo inconsciente está despierto.

Es solo con este último que uno habla y, como es muy crédulo, acepta lo que se le dice sin discusión, de modo que, poco a poco, el niño llega a hacer de sí mismo lo que sus padres desean que sea.

PARTE 2

13

Pensamientos y preceptos de Emile Coué

Pensamientos tomados de la interacción con el Sr. Emile Coué por Emile León, su discípula.

No dediques tu tiempo a pensar en las enfermedades que puedas tener, pues si no tienes enfermedades reales, crearás enfermedades artificiales.

***

Cuando hagas sugestiones automáticas conscientes, hazlas de manera natural, simple, con convicción y, sobre todo, sin ningún esfuerzo. Si las sugestiones erróneas e inconscientes se realizan a menudo, es porque se hacen sin esfuerzo.

***

Afírmate a ti mismo que obtendrás lo que deseas y lo obtendrás, siempre que esté dentro de lo razonable.

***

Para llegar a ser dueño de uno mismo es suficiente pensar que uno se está convirtiendo en el dueño de uno mismo. Si tus manos tiemblan y tus pasos flaquean, piensa que todo va a cesar y verás que poco a poco tus molestias desaparecerán.

Debes tener confianza en ti, no en mí ni en nadie más, porque solo en ti reside la fuerza que puede curarte. Mi parte consiste simplemente en enseñarte a usar esa fuerza.

***

Nunca discutas cosas de las que no sabes nada o solo harás el ridículo. Las cosas que te parecen milagrosas tienen una causa perfectamente natural; si te parecen extraordinarias es solo porque desconoces la causa. Cuando la conoces, comprendes que nada podría ser más natural.

***

Cuando la voluntad y la imaginación están en conflicto, siempre es la imaginación la que gana. Este caso es demasiado frecuente y es así como no solo no hacemos lo que queremos, sino que hacemos lo contrario a lo que queremos hacer.

Por ejemplo: cuanto más tratamos de quedarnos dormidos, cuanto más tratamos de recordar el nombre de alguien, cuanto más tratamos de dejar de reír, cuanto más tratamos de evitar un obstáculo, mientras más pensamos que no podemos hacerlo, entre más nos esforzamos, menos nos dormimos, menos recordamos el nombre, más incontrolable se vuelve nuestra risa y más seguramente nos precipitamos sobre el obstáculo que queremos evitar.

Entonces, la facultad más importante del ser humano es la imaginación, no la voluntad. Por lo tanto, es un grave error aconsejarles a las personas que entrenen su voluntad. A lo que deben dedicarse es a entrenar su imaginación.

***

Las cosas no son lo que son, sino lo que parecen. Esto explica la evidencia contradictoria de personas que hablan de buena fe.

***

Al creer que uno es amo de sus pensamientos, uno se convierte en amo de sus pensamientos.

***

Todos nuestros pensamientos, buenos o malos, se concretan, se materializan y pronto se convierten en realidad.

Somos lo que hacemos de nosotros mismos y no lo que las circunstancias hacen de nosotros.

***

Quien comienza en la vida con la idea: "Tendré éxito", siempre tendrá éxito, porque hará lo que sea necesario para lograrlo.

Si solo se le presenta una oportunidad, y si esta oportunidad tiene, por así decirlo, solo un pelo en su cabeza, quien así piensa la agarrará de ese pelo. Además, a menudo provocará —de manera inconsciente o no—, circunstancias propicias para triunfar.

Quien, por el contrario, siempre duda de sí mismo, nunca logra nada. Es posible que se encuentre en medio de un ejército de oportunidades con cabellos tan largos como la cabellera de

Absalón y, sin embargo, ni las vería ni podría aprovechar ni una sola de esas oportunidades, incluso si solo tuviese que estirar la mano para alcanzarla. Y si atrajera circunstancias, estas solo serían desfavorables.

Por lo tanto, no culpes al destino, solo tienes que culparte a ti mismo.

***

La gente siempre está predicando la doctrina del esfuerzo, pero esta idea debe ser repudiada.

El esfuerzo significa voluntad y voluntad significa la posible entrada de la imaginación en oposición a la realización del resultado exactamente contrario al deseado.

***

Siempre piensa que lo que tienes que hacer es fácil, si es posible. En este estado mental, no usarás más que la fuerza necesaria; si lo consideras difícil, gastarás 10 o 20 veces más fuerza de la que necesitas; en otras palabras, no harás lo que querías hacer.

***

La autosugestión es un instrumento que debes aprender a usar como lo harías con cualquier otro instrumento. Un arma excelente en manos inexpertas solo da malos resultados, pero cuanto más hábiles se vuelven esas manos, más fácilmente colocan las balas en el blanco.

***

La autosugestión consciente, hecha con confianza, con fe, con perseverancia, se hace matemáticamente realidad (dentro de lo razonable).

***

Cuando ciertas personas no obtienen resultados satisfactorios con la autosugestión, es porque carecen de confianza o porque hacen esfuerzos, lo que es el caso más frecuente. Para hacer sugestiones fructíferas es absolutamente necesario hacerlas sin esfuerzo. El esfuerzo implica el uso de la voluntad, la cual debe ser puesta de lado por completo. Hay que recurrir siempre a la imaginación.

***

Muchas personas que en vano han cuidado de su salud toda su vida se imaginan que pueden ser curadas de inmediato por la autosugestión. Esto es un error, porque no es razonable pensar así. No sirve de nada esperar de la sugestión más de lo que normalmente puede producir, es decir, una mejora progresiva que poco a poco se transforma en una curación completa, cuando esta es posible.

***

Todos los medios empleados por los sanadores se remontan a la autosugestión, es decir, que estos métodos, sean los que sean, palabras, gestos, actuaciones, producen en el paciente la autosugestión de la recuperación.

Toda enfermedad tiene dos aspectos, a menos que sea exclusivamente mental. De hecho, en cada enfermedad física hay una enfermedad mental que viene y se le une.

Si le damos a la enfermedad física el coeficiente 1, la enfermedad mental puede tener el coeficiente 1, 2, 10, 20, 50, 100 y más. En muchos casos, esta parte mental puede desaparecer instantáneamente y, si su coeficiente es muy alto, de 100, por ejemplo, mientras que el de la dolencia física es 1, solo queda esta última, siendo la 101aba parte de la enfermedad total. A esto se le llama milagro. Sin embargo, no hay nada milagroso al respecto.

***

Contrariamente a la opinión común, las enfermedades físicas generalmente son mucho más fáciles de curar que las mentales.

Buffon solía decir: "El estilo es el hombre". Agregaríamos a eso: "El hombre es lo que piensa". El miedo al fracaso es casi seguro que cause fracaso, de la misma manera en que la idea de éxito trae consigo éxito y nos permite superar siempre los obstáculos con los que nos encontremos.

***

La convicción es tan necesaria para el que hace la sugestión como para el que la recibe. Es esta convicción, esta fe, la que nos permite obtener resultados donde todos los otros medios han fracasado.

***

No es la persona la que actúa, es el método.

***

Cada pensamiento, bueno o malo, se vuelve concreto; se materializa y se convierte en una realidad, siempre que sea posible dentro del ámbito de lo posible.

***

Somos lo que nosotros hacemos de nosotros mismos, no lo que el destino hace de nosotros.

***

Quien comienza en la vida con el pensamiento firmemente arraigado en su mente: "Voy a tener éxito", siempre tiene éxito, porque hace lo necesario para lograrlo. Si se le presenta una oportunidad en su camino y esa oportunidad tiene, por así decirlo, solo un cabello en su cabeza, la aprovecha tomándola de ese único cabello. Además, a menudo, de forma inconsciente o no, genera circunstancias propicias para conseguir sus metas. Por el contrario, aquel que siempre duda de sí mismo nunca llegará a ningún lado. Tal persona podría nadar en un océano lleno de oportunidades con cabelleras como la de Absalón y aun así no vería ni aprovecharía siquiera una, aunque solo tuviera que extender la mano y tomarla. Por lo tanto, no culpes al destino, cúlpate solo a ti mismo.

***

Escuchamos mucho sobre el valor del esfuerzo. Esa teoría debe ser completamente repudiada, porque el que dice esfuerzo dice voluntad, y si se pone en juego la voluntad, la imaginación puede ir en contra de ella y producir resultados exactamente opuestos.

Siempre piensa que lo que tienes que hacer es fácil, si es posible hacerlo. Entonces, no gastarás más fuerza de la necesaria. Si piensas que es difícil, gastarás mucha más fuerza de la que se requiere para hacerlo y solo estarás desperdiciando energía.

Los mártires cristianos murieron con sonrisas en los labios. No sufrieron el alcance completo de esos terribles tormentos; pero, manteniendo claramente en su mente la imagen de la corona de vida que les esperaba, experimentaron realmente la alegría celestial que pronto sería suya, sin pensar en nada más.

Una persona quiere hacer tal o cual cosa. Sin embargo, imaginando que no es capaz de lograrlo, hace justo lo contrario a lo que quiere hacer. El mareo es un ejemplo llamativo de esto. Supongamos que una persona va por un camino muy estrecho, bordeando un precipicio escarpado. Al principio, no piensa en ello, pero de repente le viene la idea de que podría caer al vacío. Si tiene la desgracia de mirar hacia abajo, estará perdida. La imagen de una caída se ha arraigado en su mente; se siente atraída hacia el abismo por una fuerza invisible que se vuelve más y más insistente; cuanto más esfuerzo hace para resistir; finalmente, cede y cae. Esta es la causa de la mayoría de los accidentes en los Alpes.

Físicamente, respondes a la imagen mental producida por tu imaginación. Los pensamientos perjudiciales son como un abismo que atrae a aquellos que no pueden resistirse.

Repite 20 veces, mañana y tarde: "Todos los días, de todas las maneras, estoy mejorando cada vez más". Es el mismo remedio para todo el mundo. Es tan simple y tan fácil. Casi demasiado fácil, ¿no es así? Sin embargo, esto es importante: si tienes en tu mente el pensamiento de que estás enfermo, seguro lo estarás. Si piensas que vas a ser curado, seguro sucederá. Es la certeza de que estás a punto de recuperarte lo que trae resultados, no la esperanza.

La paciencia y la perseverancia son necesarias en la autosugestión, al igual que en todo lo demás.

Comentarios selectos de otras personas

Anteriormente, se creía que el hipnotismo solo podía aplicarse al tratamiento de enfermedades nerviosas, pero su efecto es mucho mayor que eso.

Es cierto que el hipnotismo actúa por medio del sistema nervioso, pero el sistema nervioso domina todo el organismo. Los músculos se ponen en movimiento por los nervios; los nervios regulan la circulación por su acción directa en el corazón y en los vasos sanguíneos que se dilatan o contraen. Entonces, los nervios actúan sobre todos los órganos y, por su intermedio, todos los órganos no saludables pueden verse afectados. (Dr. Paul Joire, Presidente de la Societe Universelle d'Etudes Psychiques. Boletín No. 4 de la SLP).

***

La influencia moral tiene un valor considerable como ayuda en la curación. Es un factor de primer orden que sería incorrecto descuidar, ya que, en la medicina —como en cada rama de la actividad humana—, son las fuerzas espirituales las que guían al mundo. (Dr. Louis Renon, profesor de la Facultad de Medicina de París y médico en el Hospital Necker).

***

Nunca pierdas de vista el gran principio de la autosugestión: el optimismo obra siempre, y a pesar de todo, incluso cuando los acontecimientos no parecen justificarlo. (René de Drabois, Bol. 11 de la SLPA)

***

La sugestión respaldada por la fe es una fuerza formidable. (Doctor AL, París, julio de 1920.)

Para tener e inspirar una confianza inquebrantable, uno debe caminar con la seguridad de una sinceridad perfecta. Ahora, para poseer esta seguridad y sinceridad, uno debe desear el bien de los demás más que el propio. ("Cultura de la fuerza moral", por C. Baudouin).

14

Emile Coué en consulta ¿Cómo son sus sesiones?

La ciudad de Nancy se emociona con el nombre de Coué, porque gente de todas partes de la ciudad, sin importar su estatus en la sociedad, viene a verle y todos son bienvenidos con la misma benevolencia, hecho que ya es importante en sí mismo.

Pero lo que es extremadamente conmovedor es ver que, al final de la sesión, las personas que llegaron tristes, encorvadas, casi hostiles (pues sufrían de dolor), se van como todos los demás, sin restricciones, alegres y a veces hasta radiantes (¡ya no tienen dolor!).

Con una gran bondad y una sonrisa de quien guarda un secreto, el Sr. Coué tiene en sus manos, por así decirlo, el corazón de quienes lo consultan. Se dirige a las numerosas personas que vienen a consultarlo, hablándoles en estos términos:

Bueno, señora, ¿y cuál es su problema?... Oh, está buscando demasiados porqués, demasiadas razones. ¿Qué importa la causa de su dolor? Tiene dolor y eso es suficiente... así que le enseñaré a deshacerse de él.

***

Y usted, señor, su úlcera varicosa ya está mejor. Eso es bueno, muy bueno, ¿sabe? Considerando que solo ha estado aquí dos veces; lo felicito por el resultado obtenido. Si continúa haciendo sus autosugestiones, muy pronto, estará curado. ¿Ha tenido esta úlcera durante 10 años, me dice? ¿Qué importa? Podría haberla tenido por 20 años o más y aun así se habría curado de la misma manera.

***

¿Y dice que no ha conseguido ninguna mejora? ¿Sabe por qué? Simplemente, porque le falta confianza en sí mismo. Cuando le digo que usted está mejor, se siente mejor, ¿verdad? ¿Por qué? Porque tiene fe en mí. Ahora, solo necesita creer en usted mismo y obtendrá el mismo resultado.

***

¡Oh, señora, no me dé tantos detalles, se lo ruego! Al estar tratando de descubrir todos esos detalles, usted los crea y necesitaría una lista de un metro de largo para listar todos sus males. De hecho, con usted, lo que está mal es su perspectiva mental. Bueno, decida que va a mejorar y así será. Es tan simple como el evangelio.

***

Me dice que tiene ataques de nervios cada semana… Bueno, desde hoy, hará lo que le digo y dejará de tenerlos.

***

¿Ha sufrido estreñimiento durante mucho tiempo? ¡Qué importa cuánto tiempo hace! ¿Hace 40 años? Sí, lo escuché, no obstante, es cierto que usted puede curarse mañana. ¿Me escucha? ¡Mañana! A condición, naturalmente, de que usted haga exactamente lo que yo le diga que haga, de la manera que le diga que lo haga.

***

¡Ah! Tiene glaucoma, señora. No puedo prometerle absolutamente curarla de eso, porque no estoy seguro de poder hacerlo. Eso no significa que no se pueda curar, porque sé que sucedió en el caso de una dama de Chalon-sur-Saone y de otra de Lorraine (Lorena).

***

Bueno, señorita, ya que desde que vino aquí no ha tenido los ataques nerviosos que solía tener todos los días, está curada. En todo caso, vuelva otra vez, pero solo para que pueda seguir en la dirección correcta.

***

El sentimiento de opresión desaparecerá con las lesiones que desaparecerán cuando usted asimile adecuadamente. Eso pasará a su debido tiempo, pero no debe adelantarse a los acontecimientos. Pasa lo mismo con la opresión que con los problemas cardíacos: casi siempre, disminuyen muy rápidamente.

***

La sugestión no le impide continuar con su tratamiento habitual. En cuanto a la mancha que tiene en el ojo, y que disminuye casi a diario, la opacidad y el tamaño se hacen menores cada día.

***

A un niño (con voz clara y asertiva): "Cierra los ojos, no voy a hablarte sobre lesiones ni de ninguna otra cosa por el estilo, pues no entenderías. El hecho es que el dolor en tu pecho desaparecerá y ya no tendrás que toser más.

Observación: es curioso observar que todos los que sufren de bronquitis crónica se alivian de inmediato y sus síntomas mórbidos desaparecen rápidamente. Los niños son sujetos muy fáciles y obedientes; su organismo casi siempre obedece de inmediato a la sugestión.

***

Una persona que se queja de fatiga:

Hay días en que me cansa recibir a las personas, pero las recibo a todas y durante todo el día.

No digas: "No puedo evitarlo". Recuerda que uno siempre puede superarse a sí mismo.

Observación: la idea de fatiga necesariamente trae consigo fatiga. Del mismo modo, la idea de que tenemos un deber que cumplir siempre nos da la fuerza necesaria para cumplirlo. La mente puede y debe seguir estando en control del lado animal de nuestra naturaleza.

***

La causa que le impide caminar, sea lo que sea, va a desaparecer poco a poco, cada día. Bien dice el proverbio: "El cielo ayuda a los que se ayudan a sí mismos". Levántese dos o tres veces al día, apoyándose en dos personas y repítase firmemente: "Mis riñones no están tan débiles que no pueda hacerlo, al contrario, sí puedo".

***

Después de haber dicho: "Cada día, en todos los aspectos, estoy mejor y mejor", agregue: "Las personas que me persiguen no pueden perseguirme más; ya no me persiguen".

***

Lo que le dije es bastante cierto. Fue suficiente pensar que usted ya no tenía más dolor para que el dolor desapareciera. No piense entonces que "podría volver" o volverá.

***

Dice una mujer, en voz baja: "¡Qué paciencia tiene él! ¡Qué hombre tan maravillosamente bondadoso!".

***

Todo lo que creemos se hace verdadero para nosotros. No debemos entonces permitirnos pensar de manera incorrecta. Piense: "Mi problema se está yendo", igual que cree que no puede abrir sus manos. Cuanto más diga: "No lo haré", más seguramente ocurrirá lo contrario. Debe decir: "Se está yendo" y pensar en esto. Cierre la mano y piense: "Ahora no puedo abrirla". ¡Trate! (no puede). Como puede ver, su voluntad no es muy buena con usted.

Observación: este es el punto esencial del método. Para hacer autosugestiones, debes eliminar por completo la voluntad y solo dirigirte a la imaginación, para evitar un conflicto entre ellas en el que la voluntad sea vencida.

***

Hacerse más fuerte a medida que uno envejece parece paradójico, pero es cierto.

***

Un caso de diabetes:

Continúe utilizando tratamientos terapéuticos. Estoy dispuesto a hacerle sugestiones, pero no puedo prometer curarla.

Observación: he visto varias veces a pacientes curarse de diabetes por completo y lo que es aún más extraordinario, he visto que la albúmina disminuye e incluso desaparece de la orina de ciertos pacientes.

***

Esta obsesión debe ser una verdadera pesadilla. Las personas que usted solía detestar se están convirtiendo en sus amistades y le gustan, y usted les gusta a ellas.

***

Ah, pero tener la voluntad de hacer tal cosa y desearla no son lo mismo.

Luego, después de haberles pedido que cerraran los ojos, el Sr. Coué les da a sus pacientes el pequeño y sugerente discurso que se encuentra en este libro. Cuando termina, nuevamente se dirige a cada uno de ellos por separado, diciéndole unas pocas palabras sobre su caso:

Al primero, le dijo:

Usted, señor, tiene dolor, pero le digo que, a partir de hoy, la causa de este dolor, ya sea que se llame artritis o cualquier otra cosa, desaparecerá con la ayuda de su inconsciente. Una vez que la causa haya desaparecido, el dolor se irá reduciendo gradualmente y en poco tiempo no será más que un recuerdo.

Al segundo, le dijo:

Su estómago no funciona correctamente, está más o menos dilatado. Bueno, como le dije hace un momento, sus funciones digestivas funcionarán cada vez mejor y la dilatación de su estómago va a desaparecer poco a poco.

Su organismo le irá devolviendo a su estómago la fuerza y la elasticidad que ha perdido. Poco a poco, a medida que se produce este fenómeno, el estómago volverá a su forma original y ejecutará cada vez más fácilmente los movimientos necesarios para pasar al intestino la nutrición que contiene. Al mismo tiempo, la bolsa formada por el estómago relajado disminuirá de tamaño, la nutrición ya no se estancará en esta bolsa y, en consecuencia, la fermentación terminará desapareciendo totalmente.

A la tercera paciente le dijo:

A usted, señorita, le digo que, sean cuales sean las lesiones que usted tenga en su hígado, su organismo está haciendo lo necesario para lograr que estas desaparezcan cada día y, poco a poco, a medida que se curen, los síntomas de los que usted sufre irán disminuyendo y desapareciendo. El hígado está funcionando de una manera cada vez más normal, la bilis que secreta es alcalina, ya no es ácida y está en la cantidad y la calidad adecuadas, de tal modo que pasa naturalmente a los intestinos y ayuda a la digestión intestinal.

A la cuarta, le dijo:

Hija mía, crea lo que le digo: cada vez que sienta que va a tener un ataque, escuchará mi voz que le dice tan rápido como un rayo: "No, ¡no! Amiga mía, usted no va a tener ese ataque" y este desaparecerá antes de que empiece.

Cuando todo el mundo fue atendido, el Sr. Coué les dijo a los presentes que abrieran sus ojos y añadió:

Han escuchado los consejos que acabo de darles. Bueno, para transformarlos en realidad, lo que hay que hacer es lo siguiente: mientras vivan, cada mañana antes de levantarse y cada noche, tan pronto como estén en la cama, deben cerrar los ojos para concentrar su atención y repetir 20 veces más, moviendo sus labios (eso es indispensable) y contando mecánicamente en un cordón con 20 nudos (tipo rosario) la siguiente frase: "Cada día, en todos los aspectos, estoy mejor, mejor y mejor".

No es necesario pensar en nada en particular, ya que las palabras "en todos los aspectos" aplican a todo. Esta autosugestión debe hacerse con confianza, con fe, con la certeza de obtener lo que se desea. Cuanto mayor sea la convicción de la persona, mayor y más rápido serán los resultados obtenidos.

Además, cada vez que, durante el día o la noche, sientan alguna molestia física o mental, afírmense a sí mismos que ustedes no contribuirán de manera consciente a ella y que la harán desaparecer; luego, aíslense lo más posible y pásense la mano por la frente si es algo mental o en cualquier parte que haya dolor si es algo físico, repitan muy rápido, moviendo los labios, las palabras: "Se va, se va...", etc. Háganlo por tanto tiempo como sea necesario. Con un poco de práctica, la molestia mental o física desaparecerá en unos 20 a 25 segundos. Háganlo de nuevo cada vez que sea necesario.

Para esto, así como para las otras *autosugestiones*, es necesario actuar con la misma confianza, la misma convicción, la misma fe y, sobre todo, *sin esfuerzo*.

Además, el Sr. Coué agregó lo siguiente:

Si antes se permitieron hacer autosugestiones erróneas, porque las hicieron inconscientemente, ahora que saben lo que les acabo de enseñar, no deben dejar que esto suceda. Y si, a pesar de todo, todavía lo hacen, solo deben acusarse y decir: "Mea culpa, mea máxima culpa".

Y ahora, un admirador agradecido de la obra y del fundador del método decidió decir algunas palabras y aquí las compartiré:

El Sr. Coué nos muestra luminosamente que el poder para obtener salud y felicidad está dentro de nosotros: de hecho, todos hemos recibido este regalo.

Por lo tanto, suprimiendo, en primer lugar, todas las causas de sufrimiento creadas o alentadas por nosotros mismos, pongamos en práctica la máxima favorita de Sócrates: "Conócete a ti mismo", así como el consejo del papa: "Que yo no rechace ninguno de los beneficios que Tu bondad me otorga". Tomemos posesión de todo el beneficio de la autosugestión y hagámonos desde hoy miembros de la Sociedad de Sicología Aplicada, de Lorraine. Hagamos miembros de ella también a todos quienes puedan estar a nuestro cuidado (es una buena acción para ellos).

De esta manera, seguiremos ante todo el gran movimiento del futuro del cual el Sr. Emile Coué es el originador (le dedica sus días, sus noches, sus bienes terrenales y se niega a aceptarlo, pero ya no digamos nada más, no sea que en su modestia se niegue a permitir que estas líneas se publiquen sin alteración), pero sobre todo, por este medio sabremos exactamente los días y las horas de sus conferencias en París, Nancy y otras ciudades, donde él se dedica a sembrar la buena semilla y a donde podremos ir también para verlo, escucharlo y consultarlo personalmente y con su ayuda despertar o activar en nosotros mismos el poder personal que cada uno ha recibido para ser feliz y estar bien.

Permítanme agregar que, cuando el Sr. Coué ha cobrado la entrada a sus conferencias, ha recogido miles de francos para utilizarlos a favor de los discapacitados y de otros que han sufrido a lo largo de la guerra.

15

Cartas

Extractos de cartas dirigidas al Sr. Coué

Los resultados finales del certificado secundario de inglés solo tienen dos horas de haberse publicado y me apresuro a informarle, al menos, en lo que a mí respecta.

Pasé la prueba hablada con gran éxito y apenas sentí rastros del nerviosismo que solía causarme una sensación tan intolerable de náuseas antes de los exámenes. Durante el último, quedé asombrado de mi propia calma, lo que les dio a quienes me escucharon la impresión de una perfecta serenidad de mi parte. En resumen, fueron las pruebas que más temía las que más contribuyeron a mi éxito. El jurado me colocó en segundo lugar y le estoy infinitamente agradecido por su ayuda, la cual sin duda me dio una ventaja sobre los otros candidatos, etc.

Mlle. V., Maestro de escuela[1]

***

Le escribo para agradecerle muy sinceramente el gran beneficio que he recibido de su método. Antes de acudir a usted, tenía gran dificultad para caminar 100 metros sin quedarme sin aliento. En cambio, ahora puedo recorrer kilómetros sin fatiga. Varias veces al día, y con bastante facilidad, puedo caminar en

---

1 El caso es el de un joven que, a causa de un nerviosismo excesivo, había fracasado en su examen. Habiendo desaparecido el nerviosismo bajo la influencia de la autosugestión, él lo pasó con éxito, ocupando el segundo lugar entre más de 200 competidores.

40 minutos la distancia desde la rue du Bord-de-l'Eau hasta la rue des Glacis, es decir, casi cuatro kilómetros. El asma que sufría ha desaparecido casi por completo.

Muy cordialmente,

Paul Chenot, Rue de Strasbourg, 141, Nancy

***

No sé cómo agradecerle. Gracias a usted, puedo decir que estoy curado casi por completo. Solo estaba esperando estarlo para expresarle mi gratitud. Sufría de dos úlceras varicosas, una en cada pie. La del pie derecho, que era tan grande como mi mano, está completamente curada. Pareció desaparecer por arte de magia. Durante semanas, había estado confinado en mi cama, pero casi inmediatamente después de recibir su carta[2], la úlcera se curó, de manera que pude levantarme. La del pie izquierdo todavía no está completamente curada, pero pronto lo estará. Mañana y tarde recito, y siempre lo haré, la fórmula prescrita, en la que tengo total confianza. También puedo decir que mis piernas estaban tan duras como piedras y que no podía soportar el menor contacto. Ahora, puedo presionarlas sin el menor dolor y una vez más puedo caminar, que es mi mayor alegría.

Madame Ligny, Mailleroncourt-Charette (Haute Saóne)

***

---

[2] NB: Es digno de destacar que esta señora nunca vio al Sr. Coué y que fue solo gracias a una carta que él le escribió el 15 de abril que ella obtuvo el resultado anunciado en su carta de mayo.

Le escribo para expresarle mi gratitud, porque gracias a usted he escapado al riesgo de una operación que siempre es muy peligrosa. Puedo decir más: usted ha salvado mi vida, ya que su método de autosugestión logró por sí solo lo que hasta ahora no habían logrado todas las medicinas y tratamientos prescritos para combatir la terrible obstrucción intestinal que sufrí durante 19 días. Desde el momento en que seguí sus instrucciones y apliqué sus excelentes principios, mis funciones intestinales se han realizado de forma bastante natural.

Madame S., Pont a Mousson, febrero, 1920

***

No sé cómo agradecerle por mi felicidad al curarme. Durante más de 15 años, había sufrido ataques de asma que me causaban las sofocaciones más dolorosas cada noche. Gracias a su método espléndido, y, sobre todo, desde que estuve presente en una de sus sesiones, los ataques desaparecieron como por arte de magia. Es un verdadero milagro, porque los médicos que me atendieron declararon que no había cura para el asma.

Madame V., Saint-Dié, febrero, 1920

***

Le escribo para agradecerle con todo mi corazón el haberme enseñado este nuevo método terapéutico, un instrumento maravilloso que parece actuar como la varita mágica de un hada, ya que, gracias a los medios más simples, produce los resultados más extraordinarios. Desde el principio, me interesaron mucho sus experimentos y después de mi propio éxito personal con su método comencé a aplicarlo ardientemente, pues me he convertido en un entusiasta partidario de ello.

Dr. Vachet, Vincennes, mayo, 1920

***

Durante 8 años, he sufrido de prolapso del útero. He utilizado su método de autosugestión durante los últimos cinco meses y ahora estoy completamente curada, por lo que no sé cómo agradecerle lo suficiente.

Madame Soulier, Place du Marche Toul, mayo, 1920

***

He sufrido terriblemente y sin tregua durante 11 años. Todas las noches tenía ataques de asma y también sufría de insomnio y de una debilidad general que me impedía cualquier ocupación. Mentalmente, estaba deprimida, inquieta, preocupada e inclinada a hacer montañas de pequeñas colinas. Había seguido sin éxito muchos tratamientos. Estando en Suiza, hasta me removieron el cornete de la nariz sin obtener ningún alivio. En noviembre de 1918, empeoré a consecuencia de un gran dolor. Mientras mi esposo estaba en Corfú —como oficial en un buque de guerra—, perdí a nuestro único hijo en seis días a causa de la influenza. Era un niño encantador, de 10 años, que fue la alegría de nuestra vida. Sola y abrumada por el dolor, me reproché amargamente por no haber podido proteger y salvar nuestro tesoro. Quería perder la razón o morir. Cuando mi esposo regresó —que fue hasta febrero—, me llevó a un nuevo médico que me ordenó varios remedios y acudir a las aguas curativas del Mont-Dore. Pasé el mes de agosto en esa estación, pero a mi regreso tuve una recaída de asma y me di cuenta con desesperación que "en todos los aspectos" me estaba sintiendo peor y peor.

Fue entonces cuando tuve el placer de conocerle. Sin esperar mucho, debo decirlo, asistí a sus conferencias de octubre. Hoy, me complace decirle que, para fines de noviembre, ya estaba curada. El insomnio, los sentimientos de opresión y los pensamientos sombríos desaparecieron como por arte de magia. Ahora, estoy bien, me siento fuerte y llena de valor. Junto con la salud física he recuperado mi equilibrio mental y, salvo por la imborrable herida causada por la pérdida de mi hijo, podría decir que me siento perfectamente feliz. ¿Por qué no le conocí antes? Mi hijo habría conocido a una madre alegre y valiente. Gracias una y otra vez, Sr. Coué.

Muy cordialmente,

E. Itier, Ruede Lille, París, abril, 1920

***

Ahora, puedo retomar la lucha que he sostenido durante 30 años, que me había agotado.

El pasado agosto, encontré en usted una ayuda maravillosa y providencial. Al volver a casa en Lorraine, enferma y con el corazón lleno de dolor, temí por unos días la conmoción que sentiría al ver las ruinas y la angustia que me embargaban… Y me fui de allí consolada y con buena salud. Ya estaba al borde de perder mi paciencia y desafortunadamente no soy religiosa. Deseaba encontrar a alguien que pudiera ayudarme y al conocerle por casualidad en la casa de mi prima, usted me dio la ayuda que buscaba. Ahora, puedo trabajar con un nuevo espíritu, sugiriéndole a mi inconsciente que restablezca mi equilibrio físico y no dudo que recuperaré mi buena salud. Ya he visto una mejoría notable y comprenderá mejor mi gratitud cuando le diga que, padeciendo diabetes, junto con una complicación renal, había tenido varios ataques de glaucoma, pero ahora mis ojos están recuperando su agilidad. Desde entonces, mi vista se ha vuelto casi normal y mi salud en general ha mejorado mucho.

Mlle. Th., profesora en el Young Ladies College, en Ch.,
enero, 1920

***

Defendí mi tesis con éxito y obtuve la calificación más alta y las felicitaciones del jurado. De todos estos "honores", una gran parte le pertenece a usted y no lo olvido. Solo lamenté que no estuviera presente para escuchar que su nombre fue mencionado con un cálido y simpático interés por parte del distinguido jurado. Por lo tanto, es un hecho que las puertas de la universidad se han abierto de par en par a sus enseñanzas. No me lo agradezca, porque le debo mucho más de lo que usted podría deberme.

Charles Baudouin, profesor del Instituto
J.J. Rousseau, Ginebra

***

Admiro su valentía y estoy seguro de que ayudará a dirigir a muchos amigos en una dirección útil e inteligente. Confieso que personalmente me he beneficiado de su enseñanza y he hecho que mis pacientes también lo sean. En el asilo de ancianos tratamos de aplicar su método de forma colectiva y ya hemos obtenido resultados visibles de esta manera.

Dr. Berillon, París, marzo, 1920

***

He recibido su amable carta, así como su interesante conferencia. Me alegra ver que hace una conexión racional con la autosugestión y noto particularmente el pasaje en el que dice que la voluntad no debe intervenir en esta práctica. Eso es lo que por desgracia no comprenden en absoluto un gran número de profesores de autosugestión, incluyendo una inmensa cantidad de médicos. También creo que debería establecerse una distinción absoluta entre la autosugestión y el entrenamiento de la voluntad.

Dr. Van Velsen, Bruselas, marzo, 1920

***

¿Qué debe pensar de mí? ¿Qué lo he olvidado? Oh, no, le aseguro que pienso en usted con el afecto más agradecido y deseo reiterarle que sus enseñanzas son cada vez más eficaces. Nunca paso un día sin usar la autosugestión con el mayor éxito y le bendigo a diario, porque su método es verdadero y honesto. Gracias a eso, estoy asimilando sus excelentes indicaciones, puedo controlarme mejor cada día y siento que soy más fuerte.

Estoy segura que le resultará difícil reconocer en esta mujer, tan activa a pesar de sus 66 años, a aquella pobre criatura que a menudo se encontraba enferma y que solo comenzó a estar bien gracias a usted y a su guía. Reciba bendiciones por esto, porque lo más dulce del mundo es hacerles el bien a quienes nos rodean. Usted hace mucho bien y yo hago un poco, por lo cual doy gracias a Dios.

Madame M. Cesson-Saint-Brieuc

***

A medida que me siento mejor, y mejor desde que comencé a seguir su método de autosugestión, quisiera agradecerle sinceramente. La lesión en los pulmones ha desaparecido, mi corazón está mejor. No tengo más albúmina. En definitiva, estoy bastante bien.

Madame Lemaitre, Richemont, junio de 1920

***

Su libro y su conferencia nos interesaron mucho. Sería deseable para el bien de la humanidad que ambos se publicaran en varios idiomas para que puedan llegar a cada raza y país, y estén a disposición del mayor número posible de esos desafortunados que sufren el uso incorrecto de esta todopoderosa (y casi divina) facultad (la más importante para el ser humano, tal como afirma y demuestra usted de manera tan luminosa y juiciosa) que llamamos imaginación. Ya había leído muchos libros sobre la voluntad y tenía un gran arsenal de fórmulas, pensamientos, aforismos, etc. Sin embargo, sus frases son concluyentes. No creo que nunca antes estas "tabletas comprimidas de confianza en uno mismo", que es como yo llamo a sus frases curativas, se hayan condensado en fórmulas tan incomparables y de manera tan inteligente.

Don Enrique C., Madrid

***

Su folleto sobre el autocontrol contiene argumentos muy fuertes y ejemplos muy sorprendentes. Creo que la sustitución de la imaginación por el poder de la voluntad es un gran progreso; es más sencillo y persuasivo.

A.F., Reimiremont

***

Estoy feliz de poder decirle que mi estómago está funcionando bien. Mi metritis también está mucho mejor. Mi pequeño tenía un ganglio en su muslo tan grande como un huevo y está desapareciendo gradualmente.

E. L. Saint Clément (M-et-M.)

***

Después de haber sufrido tres operaciones en la pierna izquierda, debidas a una tuberculosis local, la pierna volvió a enfermarse en septiembre de 1920. Varios médicos declararon que era necesaria una nueva operación. Estaban a punto de abrir mi pierna desde la rodilla hasta el tobillo y, si la operación hubiese fallado, habrían tenido que amputármela. Como había oído hablar de sus maravillosas curas, vine a verle por primera vez el 6 de noviembre de 1920. Después de la sesión, de inmediato me sentí un poco mejor. Seguí exactamente sus instrucciones y fui a verle tres veces. A la tercera vez, podría decir que estaba completamente curada.

Madame L., Henry (Lorraine)

***

No esperaré más para agradecerle de todo corazón por todo lo bueno que le debo. La autosugestión me ha transformado positivamente y ahora estoy mucho mejor de lo que lo he estado en muchos años. Los síntomas de la enfermedad han desaparecido poco a poco, los síntomas mórbidos se han vuelto cada vez más escasos y todas las funciones del cuerpo funcionan normalmente. El resultado es que, después de haber adelgazado cada vez más durante varios años, he recuperado varios kilos. No puedo hacer otra cosa que bendecir el sistema de Coué.

L, Cannes (AM)

***

Desde 1917, mi niña ha sufrido crisis epilépticas. Varios médicos me habían dicho que a la edad de 14 o 15 años desaparecerían o empeorarían. Habiendo oído hablar de usted, se la envié desde finales de diciembre hasta mayo. Ahora, su curación está completa, ya que durante seis meses no ha tenido una recaída.

Perrin (Charles), Essey-les, Nancy

***

Durante ocho años, sufrí del útero. Después de haber practicado su autosugestión durante cinco meses, me he curado radicalmente. No sé cómo expresar mi profunda gratitud.

Madame Soulie, 6, Place du Marche, Toul

***

Habiendo sufrido un glaucoma desde 1917, consulté a dos oculistas que me dijeron que solo una operación les pondría fin a mis sufrimientos, pero desafortunadamente ninguno de ellos me aseguró un buen resultado. En junio de 1920, después de asistir a una de sus sesiones, me sentí mucho mejor. En septiembre, dejé de usar las gotas de pilocarpina, que eran mi pan de cada día. Desde entonces, no he sentido dolor. Mi pupila ya no está dilatada, mis ojos son normales. Es un verdadero milagro.

Madame M Soulosse

***

Ahora, una dedicación al Sr. Coué por el autor de un tratado médico:

Al Sr. Coué, que sabía entrar en el alma humana y extraer de ella un método sicológico fundado en la autosugestión consciente. El maestro tiene derecho al agradecimiento de todos; ha logrado hábilmente disciplinar a la vagabunda (la imaginación) y asociarla útilmente con la voluntad. Este método le ha dado al ser humano los medios para aumentar 10 veces su fuerza moral al darle confianza en sí mismo.

Dr. PR, Fráncfort

***

Es difícil hablar de la profunda influencia que ha ejercido sobre mí el hecho de que usted muy amablemente me haya permitido ver su trabajo tan a menudo. Al verlo día tras día, me ha impresionado cada vez más y, como usted mismo dijo, no parece haber límites para las posibilidades y el alcance futuro de los principios que enuncia, no solo en la vida física de los niños, sino también en las posibilidades de cambiar las ideas que prevalecen ahora sobre el castigo del crimen, el gobierno y, de hecho, en todas las relaciones de la vida.

Srta. Josephine M. Richardson

***

Cuando llegué, esperaba mucho, pero lo que he visto, gracias a su gran amabilidad, supera con creces mis expectativas.

Montagu S. Monier-Williams, MD, Londres

16
Todo para todos

Por Emile Leon, discípula del Sr. Coué

Cuando uno ha podido aprovechar un gran beneficio, cuando este beneficio está al alcance de todos, aunque casi todos lo ignoran, ¿no es un deber urgente y absoluto para quienes lo conocen darlo a conocer a quienes los rodean?

Porque todos pueden hacer suyos los sorprendentes resultados del "Método Emile Coué".

Alejar el dolor ya es bastante, ¡pero cuánto más es guiar hacia una nueva vida a todos los que sufren!

En abril pasado, tuvimos la visita del Sr. Emile Coué en París y aquí están algunas de sus enseñanzas:

Pregunta: (Afirmación de una teísta). Creo que no es digno del Eterno que obedecer Su voluntad dependa de lo que el Sr. Coué llama un truco o proceso mecánico: la autosugestión consciente.

Respuesta: (El Sr. Coué) Ya sea que lo deseemos o no, nuestra imaginación siempre anula nuestra voluntad, cuando ambas están en conflicto. Podemos llevarla por el camino correcto indicado por nuestra razón, empleando conscientemente el proceso mecánico que empleamos inconscientemente a menudo para llevarla por el mal camino.

La reflexiva interrogadora se dice a sí misma: "Sí, es verdad. En esta elevada esfera de pensamiento, la autosugestión consciente tiene el poder de liberarnos de los obstáculos creados por nosotros mismos, que podrían poner un velo entre nosotros y Dios, lo mismo que un pedazo de tela colgada en una ventana puede evitar que el sol entre en una habitación".

Pregunta: ¿Cómo hacer para que los seres queridos que están sufriendo se hagan buenas autosugestiones que los liberen?

Respuesta: No les insista ni los sermonee al respecto. Solo recuérdeles que yo les aconsejo que hagan una autosugestión con la convicción de que obtendrán el resultado que desean.

***

Pregunta: ¿Cómo explicarse uno mismo y explicarles a los demás que la repetición de las palabras "Me voy a dormir... Se está yendo...", etc., tiene el poder de producir un gran efecto, un efecto tan poderoso que no queda duda que es real?

Respuesta: Explicando que la repetición de estas palabras nos obliga a pensarlas, entonces, cuando las pensamos, se hacen realidad para nosotros y se transforman en realidad.

Pregunta: ¿Cómo se puede mantener internamente el dominio propio?

Respuesta: Para ser amo de uno mismo es suficiente pensar que uno lo es y para pensarlo hay que repetirlo en la mente sin hacer ningún esfuerzo.

Pregunta: Y exteriormente, ¿cómo se puede mantener el dominio propio?

Respuesta: El dominio propio se aplica del mismo modo tanto a nivel físico como mental.

Pregunta: (Afirmación). Es imposible escapar de los problemas y de la tristeza si no hacemos lo que debiéramos hacer. No sería justo y la autosugestión no puede ni debe evitar el sufrimiento.

Respuesta: (El Sr. Coué en forma muy seria y afirmativa). Ciertamente y con seguridad, no debería ser así, pero es, muy a menudo. Ocurre en cualquier caso y por un tiempo.

***

Pregunta: ¿Por qué ese paciente que ha sido curado por completo sufre continuos y fuertes ataques?

Respuesta: Porque él espera que le den esos ataques, los teme y es así como los provoca. Si este caballero se enfoca en la idea de que no tendrá más ataques, no los tendrá; pero si piensa que los tendrá, ciertamente, los tendrá.

***

Pregunta: ¿En qué difiere su método de los demás?

Respuesta: La diferencia es que no es la voluntad lo que nos rige, sino la imaginación. Esa es la base, la base fundamental.

***

Pregunta: ¿Me daría un resumen de su "método" para la Sra. R., quien está haciendo un importante trabajo?

Respuesta: En pocas palabras, este es el resumen del "método": al contrario de lo que se enseña, no es nuestra voluntad la que nos hace actuar, sino nuestra imaginación (el inconsciente). Si a menudo actuamos como lo dicta la imaginación, es porque pensamos que podemos hacerlo. De no ser así, haremos exactamente lo contrario a lo que deseamos.

Ejemplo: Cuanto más una persona con insomnio se determina a dormir, más inquieta se pone; cuanto más tratamos de recordar un nombre que creemos haber olvidado, más se nos escapa (solo vuelve si en la mente uno reemplaza la idea de "Lo olvidé" por la idea de "Lo recordaré"); cuanto más nos esforzamos para evitar reírnos, más se desata nuestra risa; cuanto más nos decidimos a evitar un obstáculo al aprender a andar en bicicleta, más nos apresuramos a caer sobre ese obstáculo.

Entonces, debemos aplicarnos a controlar y dirigir nuestra imaginación, la cual ahora nos controla y nos dirige. De esta manera, nos hacemos amos de nosotros mismos a nivel físico, metal y moral.

¿Cómo llegamos a este resultado? Por la práctica de la autosugestión consciente, la cual se basa en este principio: cada idea que tenemos en nuestra mente se hace cierta para nosotros y tiende a realizarse a sí misma.

Así, si deseamos algo, podemos obtenerlo después de un tiempo más —o menos— largo, si repetimos a menudo que esto va a venir si es algo positivo o que desaparecerá si se trata de algo negativo.

Todo puede suceder, empleando a mañana y noche la fórmula general: "Cada día, en todos los aspectos, estoy mejor y mejor".

***

Pregunta: ¿Cómo funciona el método para los que están tristes o angustiados?

Respuesta: Mientras pienses "Estoy triste" no puedes estar alegre. Para pensar algo, basta con decir sin esfuerzo: "Pienso esto". En cuanto a la angustia, esta desaparecerá por violenta que sea. Esto lo puedo afirmar.

17

Fragmentos de cartas dirigidas a Emile Leon, discípulo del Sr. Coué

Desde hace un tiempo, quiero escribirle y le agradezco sinceramente por haberme dado a conocer este método de autosugestión. Gracias a sus buenos consejos, los ataques de nervios a los que estaba sometida han desaparecido por completo y estoy segura de estar curada. Además, me siento rodeada de una fuerza superior que es una guía inquebrantable y con cuya ayuda supero con facilidad las dificultades de la vida.

Madame F_ Rue de Bougainville 4, París

***

Asombrada por los resultados obtenidos por la autosugestión que me fue enseñada por usted, le agradezco de todo corazón. Durante un año, he estado completamente curada del reumatismo articular del hombro derecho que sufrí durante ocho años y de la bronquitis crónica que había tenido aún más tiempo. Los numerosos médicos que consulté me declararon incurable, pero gracias a usted y a su tratamiento me he encontrado con perfecta salud y tengo la convicción de que poseo el poder para conservarla.

Madame L. T., Rue du Laos, 4, París

***

Quiero contarles los excelentes resultados que el maravilloso método del Sr. Coué ha producido en mi caso y expresarle mi profunda gratitud por su valiosa ayuda. Siempre he sido anémica y he tenido mala salud, pero después de la muerte de mi esposo empeoré mucho. Sufría con mis riñones, no podía mantenerme erguida, también sufría de nerviosismo y aversiones. Todo eso se ha ido y hoy soy una persona diferente. Ya no sufro, tengo más resistencia y soy más alegre. Mis amigos apenas me reconocen y me siento una mujer nueva. Tengo la intención de difundir las noticias de este maravilloso método tan claro, tan simple, tan beneficioso y quiero seguir obteniendo los mejores resultados para mí también.

M. D. París, junio, 1920

***

No puedo encontrar palabras para agradecerle por enseñarme su excelente método. ¡Qué felicidad me ha traído! Le agradezco a Dios que me llevó a conocerle, porque usted ha transformado mi vida por completo. Antes, sufría terriblemente en cada período mensual y me veía obligada a estar en cama. Ahora, todo es bastante normal y sin dolor. Lo mismo ocurre con mi digestión y ya no estoy obligada a vivir solo de leche como solía hacerlo ni tengo más dolor, lo cual es una alegría. Mi esposo se asombra al descubrir que, cuando viajo, no tengo más dolores de cabeza, mientras que antes siempre tomaba tabletas. Ahora, gracias a usted, no necesito ningún remedio, pero no me olvido de repetir 20 veces por la mañana y por la noche, la frase que me enseñó: "Cada día, en todos los aspectos, estoy mejor y mejor".

B. P., París, octubre, 1920

***

Al releer el método, lo encuentro cada vez más superior a todos los demás que han sido inspirados en él.

Supera todos los denominados sistemas científicos que se han inventado, basados en resultados inciertos de una ciencia incierta que se abre camino y se engaña a sí misma y cuyos medios de observación son bastante precarios a pesar de lo que digan los que "saben".

El Sr. Coué, por otro lado, resulta suficiente para todo, va directo al objetivo, lo alcanza con certeza y al liberar a su paciente lleva la generosidad y el conocimiento a su punto más alto, ya que le da al paciente mismo el mérito de esa capacidad y el uso de su poder maravilloso. No, realmente no hay nada que cambiar en este método. Es como usted tan sorprendentemente dice: un evangelio. Informar fielmente sus actos y palabras y difundir su método, eso es lo que debe hacerse y lo que yo mismo haré en la medida de lo posible.

P. C.

***

Estoy sorprendida de los resultados que he obtenido y continúo obteniendo a diario, mediante el uso del excelente método que usted me ha enseñado de autosugestión consciente. Estaba enferma mental y físicamente. Ahora, estoy bien y casi siempre estoy alegre. Es decir, mi depresión le ha dado paso a la alegría y, ciertamente, no me quejo del cambio, porque es bastante preferible, se lo aseguro. ¡Qué miserable solía ser!

No podía digerir nada; ahora, digiero perfectamente bien y los intestinos actúan naturalmente. También solía dormir muy mal, en cambio ahora, las noches no son lo suficientemente largas; no podía trabajar y ahora puedo trabajar duro. De todas mis dolencias, no queda nada más que un ocasional reumatismo que estoy segura desaparecerá como el resto de mis afecciones al continuar con su buen método. No encuentro palabras para expresarle mi profunda gratitud.

Madame Friry, Boulevard Malesherbes, París

18

Extractos de cartas dirigidas a la Srta. Faufmant, discípula del Sr. Coué

Como me he estado sintiendo cada vez mejor desde que seguí el método de autosugestión que usted me enseñó, siento que le debo un sincero agradecimiento. Ahora, estoy calificada para hablar de las grandes e innegables ventajas de este método, ya que solo a él debo mi recuperación.

Tenía una lesión en los pulmones que me hacía escupir sangre. Sufría de falta de apetito, vómitos diarios, pérdida de peso y un obstinado estreñimiento. La saliva con sangre disminuyó de inmediato y pronto desapareció por completo. El vómito cesó, el estreñimiento ya no existe, recuperé mi apetito y en dos meses aumenté varios kilos. Ante los resultados observados, no solo por mis padres y amigos, sino también por el médico que me ha atendido durante varios meses, es imposible negar el buen efecto de la autosugestión y no declarar abiertamente que es a su método al que le debo mi regreso a la vida. La autorizo para publicar mi nombre si mi afirmación puede servirles a otros y les ruego que me crean.

Muy cordialmente,

Jeanne Gilli, 15, Av. Borriglione, Niza, marzo de 1918

***

Considero un deber decirle lo agradecida que estoy con usted por haberme enseñado acerca de los beneficios de la autosugestión. Gracias a usted, ya no sufro de esos agonizantes y frecuentes problemas cardíacos y he recuperado el apetito que había perdido durante meses. Aún más, como enfermera del hospital, debo agradecerle de corazón por la recuperación casi milagrosa de uno de mis pacientes, gravemente enfermo de una tuberculosis que le hacía vomitar sangre de manera constante y abundante. Su familia y yo estábamos muy ansiosos cuando el Cielo la envió a usted en su ayuda. Después de su primera visita, cesó la saliva de la sangre, recuperó el apetito y, después de algunas visitas adicionales realizadas por usted a su lecho de enfermedad, todos los órganos recuperaron poco a poco sus funciones normales. Al fin, un día tuvimos la grata sorpresa y la alegría de verlo llegar a su sesión privada, donde, ante los presentes, él mismo hizo la declaración de su curación, debido a su amable intervención. Gracias con todo mi corazón.

Atentamente y con simpatía,

A. Kettner, 26, AV. Borriglione, Niza, marzo de 1918

***

Varias veces, me he pospuesto escribirle para agradecerle por la curación de mi pequeño Sylvain. Estaba desesperada, los médicos me decían que no había nada más que hacer, sino probar el sanatorio de Arcachon o el de Juicoot, cerca de Dunkerque. Iba a hacerlo cuando la Sra. Collard me aconsejó que fuera a verla. Dudé, ya que me sentía escéptica al respecto, pero ahora, tengo la prueba de su habilidad, porque Sylvain se recuperó por completo.

Su apetito es bueno, sus pústulas y sus ganglios están completamente curados y lo que es aún más extraordinario, desde la primera vez que fuimos a verla, ya no tosió ni una sola vez más. El resultado es que desde el mes de junio ha ganado seis libras. Nunca podré agradecerle lo suficiente y les proclamo a todos los beneficios que de usted y su método hemos recibido.

Madame Poirson, Liverdun, agosto, 1920

***

¿Cómo puedo demostrarle mi profunda gratitud? ¡Usted me ha salvado la vida! Tenía el corazón desplazado, lo que me causaba continuos y terribles ataques de asfixia; de hecho, eran tan violentos que no tenía descanso ni de día ni de noche a pesar de las inyecciones diarias de morfina. No podía comer nada sin tener vómitos instantáneos. Tenía dolores violentos de cabeza, la que se me inflamaba por completo y, como resultado, perdí la vista. Estaba en un estado lamentable y todo mi organismo sufría por ello. Tenía abscesos en el hígado. El doctor estaba desesperado después de haberlo intentado todo: sangrados, escarificación, cataplasmas, hielo y cualquier remedio posible, sin obtener ninguna mejora.

Recurrí a su amabilidad por consejo de mi médico. Después de sus primeras visitas, los ataques se volvieron menos violentos y menos frecuentes, y pronto desaparecieron por completo. Las noches malas y problemáticas se volvieron más tranquilas, hasta que pude dormir toda la noche sin despertarme. Los dolores que tenía en el hígado cesaron por completo. Pude volver a comer, a digerir muy bien y a experimentar una sensación de hambre que no había sentido en meses. Mis dolores de cabeza cesaron y mis ojos, que me habían preocupado tanto, están curados. Ahora, puedo ocuparme un poco, haciendo trabajos manuales.

Cada vez que usted me visitó, sentí que mis órganos reanudaban sus funciones naturales. Yo no fui la única que observó esta reacción, ya que el médico que venía a verme todas las semanas me encontraba mucho mejor y finalmente me recuperé y pude levantarme después de haber estado en cama durante 11 meses. Me levanté sin ninguna molestia, sin siquiera el menor vértigo y, en cuestión de 15 días, pude salir.

De hecho, gracias a usted, estoy curada. Mi médico dice que, para lo que me ayudaron las medicinas, mejor no hubiese tomado ninguna. Después de haber sido abandonada por dos médicos que no tenían ninguna esperanza de curarme, aquí estoy curada y, de hecho, es una curación completa, porque ahora puedo comer carne y como una libra de pan todos los días. ¿Cómo puedo agradecerle? Porque repito, es a la sugestión que usted me enseñó a la que le debo mi vida.

Jeanne Grosjean, Nancy, noviembre de 1920

***

Personalmente, *la ciencia de la autosugestión* —porque la considero una ciencia en su totalidad— me ha brindado excelentes servicios, lo que me obliga a declarar que, si sigo interesándome en ella, es porque encuentro que provee los medios para ejercer verdadera caridad.

En 1915, cuando estuve presente por primera vez en las conferencias del Sr. Coué, confieso que yo era completamente escéptico. Ante hechos que se repitieron cientos de veces en mi presencia, me vi obligado a rendirme a la evidencia y reconocer que la autosugestión siempre actúa, aunque en diferentes grados y en enfermedades orgánicas. Los únicos casos (y fueron muy raros) en los que la vi fallar fue en casos nerviosos, relacionados con neurastenias o con enfermedades imaginarias.

No hay necesidad de volver a decirle que el Sr. Coué, al igual que usted, pero él aún más firmemente, insiste en este punto: "Él nunca hace un milagro ni cura a nadie, sino que les muestra a las personas cómo curarse a sí mismas".

Confieso que, en este punto, sigo siendo un poco incrédulo, ya que, si el Sr. Coué no cura realmente a las personas, sí es una poderosa ayuda para su recuperación, al "darles esperanza" a los enfermos, al enseñarles a no desesperarse nunca, al levantarles el ánimo y guiarlos, por encima de ellos mismos, a esferas morales que la mayoría de la humanidad, sumida en el materialismo, nunca ha alcanzado.

Cuanto más estudio la autosugestión, mejor entiendo la divina ley de confianza y amor que Cristo nos predicó: "Amarás a tu prójimo" al darle un poco de nuestro "corazón" y de nuestra fuerza moral para ayudarlo a levantarse si ha caído y a curarse si está enfermo. Aquí también, desde mi punto de vista cristiano, la aplicación de la autosugestión —que considero una ciencia beneficiosa y reconfortante— nos ayuda a entender que, como hijos de Dios, todos tenemos dentro fuerzas cuya existencia no sospechamos y que, dirigidas de forma apropiada, sirven para elevarnos moralmente y sanarnos físicamente. Aquellos que no conocen su ciencia, o que solo la conocen de manera imperfecta, no deben juzgarla sin haber visto los resultados que aporta y el bien que hace. Créame que soy su fiel admirador.

M. L. D., Nancy, noviembre, 1920

19

Algunas notas sobre el viaje del Sr. Coué a París

En el deseo de que las enseñanzas del Sr. Coué en París, impartidas en octubre pasado, no se pierdan para el mundo, él me ha instado a escribirlas. Dejando de lado esta vez a las numerosas personas con enfermedades físicas o mentales que han visto sus problemas disminuir y desaparecer como resultado de su tratamiento benéfico, comencemos citando solo algunas de sus enseñanzas.

Pregunta: ¿Por qué no obtengo mejores resultados, aunque uso su método y oración?

Respuesta: Porque es probable que, en el fondo de su mente, haya una duda inconsciente o porque hace esfuerzos. Ahora, recuerde que los esfuerzos están determinados por la voluntad; si mete a la voluntad en el juego, corre el grave riesgo de poner también en juego la imaginación, pero en la dirección contraria, lo cual provoca lo contrario a lo que usted desea lograr.

Pregunta: ¿Qué debemos a hacer cuando algo nos molesta?

Respuesta: Cuando pase algo que le preocupe, repita de inmediato: "No, eso no me molesta en absoluto, en lo más mínimo; más bien, el hecho es agradable". En resumen, la idea es enfocarnos de modo positivo y no en lo malo que pudiera suceder.

Pregunta: ¿Son indispensables las pruebas preliminares si el paciente no quiere hacerlas?

Respuesta: No, no son indispensables, pero son de gran utilidad porque, aunque puedan parecerles infantiles a ciertas personas, por el contrario, son extremadamente serias. De hecho, prueban tres cosas:

1. Que cada idea que tenemos en nuestra mente se convierte en cierta para nosotros y tiene una tendencia a transformarse en acción.

2. Que, cuando hay un conflicto entre la imaginación y la voluntad, siempre es la imaginación la que gana; si no es así, haremos exactamente lo contrario a lo que deseamos hacer.

3. Que nos resulta fácil poner en nuestra mente, sin ningún esfuerzo, la idea que deseamos convertir en realidad, ya que hemos podido pensar sin esfuerzo y sucesivamente "No puedo" y luego "Puedo".

Los experimentos preliminares no deben repetirse en casa. Estando solo, uno tiende a ser incapaz de ponerse en las condiciones físicas y mentales adecuadas para ello; existe el riesgo de fracaso y, en este caso, la confianza en sí misma se verá afectada.

***

Pregunta: Cuando uno tiene dolor, ¿no puede dejar de pensar en su problema?

Respuesta: No tenga miedo de pensar en ello; por el contrario, piense en ello, pero para decirle: "No te tengo miedo". Si uno va a algún lado y un perro comienza a ladrarle, uno debe mirarlo con firmeza a los ojos y el perro no le morderá; pero si le teme, si uno se da la vuelta, pronto tendrá sus dientes en las piernas.

***

Pregunta: ¿Y si uno se retira del método?

Respuesta: Da marcha atrás.

***

Pregunta: ¿Cómo podemos comprender lo que deseamos?

Respuesta: Repitiendo a menudo lo que desea. Diciendo: "Estoy ganando seguridad" y la ganará. "Mi memoria está mejorando" y mejorará. "Me estoy volviendo el amo absoluto de mí mismo" y descubrirá que se está volviendo el amo de sí mismo.

Si dice lo contrario, lo contrario sucederá. Lo que uno dice de forma persistente y muy rápida, sucede (dentro del dominio de lo razonable, por supuesto).

Emile Leon,
Colaboradora del Sr. Coué en París

Conclusión

Por Emile Coué

¿Qué conclusión se puede sacar de todo esto? La conclusión es muy simple y puede expresarse en pocas palabras: poseemos dentro de nosotros una fuerza de poder incalculable que, cuando la manejamos de manera inconsciente, casi siempre nos perjudica.

Si, por el contrario, la dirigimos de manera consciente y sabia, nos da el dominio de nosotros mismos y nos permite no solo escapar y ayudar a otros a escapar de los males físicos y mentales, como también a vivir en una relativa felicidad, cualesquiera que sean las condiciones en que nos encontremos.

Por último y, sobre todo, debe aplicarse a la regeneración moral de aquellos que se han alejado del camino correcto.

www.ingramcontent.com/pod-product-compliance
Lightning Source LLC
Chambersburg PA
CBHW030521080526
44586CB00011B/286